RELATION

DE CE QVI S'EST PASSE'
DE PLVS REMARQVABLE
AVX MISSIONS DES PERES
de la Compagnie de Iesvs
EN LA
NOVVELLE FRANCE,
les années 1668. & 669.

Envoyée au R. P. Estienne Dechamps
Provincial de la Province de France.

A PARIS,

Chez Sebast. Mabre-Cramoisy,
Imprimeur du Roy, ruë S. Iacques
aux Cicognes.

M. DC. LXX.

Avec Privilege de sa Majesté.

RELATION
DE CE QVI S'EST PASSE'
DANS
LA NOVVELLE FRANCE
aux années 1668. & 1669.

CHAPITRE I.

De la Mission des Martyrs dans le pays des Anniez, ou Iroquois Inferieurs.

LE Peuple d'Agnié a esté autrefois vne des plus florissantes Nations Iroquoises, & a tousiours passé iusques à cette heure pour une des

A

plus vaillantes & des plus fieres.
Cet efprit guerrier qui l'occupoit
aux armes, l'éloignoit fi fort de la
Foy, que l'on croyoit que les Agnez
feroient les derniers à fe foûmettre
à l'Evangile: mais Dieu s'eft fervi des
armes de la France pour donner
commencement à leur converfion;
leur courage s'eft ramolli apres leur
defaite, & c'eft maintenant de tous
les peuples Iroquois, celuy qui donne de plus grandes efperances de
fa converfion à la Foy Chreftienne.

Le Pere Iean Pierron, aprés avoir
fait un voyage à Quebec, arriva
heureufement à Tinniontoguen,
qui eft le principal Bourg de cette
nation, le 7. iour d'Octobre de l'année 1668. & prit entierement le foin
de cette nouvelle Eglife, que le Pere
Fremin luy laiffa, apres l'avoir cultivée avec des fatigues incroyables,

le vivre y est si pauvre qu'on n'y mange presque point de chair ny de poisson ; mais Dieu fait par sa grace que les Missionnaires vivent tres-contens dans ce depoüillement de toutes choses. Il n'y a rien de plus pauvre que nos Agniez, dit le Pere dans une de ses Lettres ; mais avec cela ie les ayme plus que moy mesme, voyant les dispositions qu'ils ont au Christianisme.

Ie sçais, continuë ce Pere, assez la langue Iroquoise pour expliquer tout ce que ie veux dans les matieres de la religion, & pour entendre les Confessions des nouveaux Chrestiens, & sans l'occupation que me donnent les Tableaux que ie peins moy-mesme, ie serois plus versé dans la langue que ie ne suis ; mais ie trouve le fruit de ces peintures si grand, que je juge qu'vne partie de mon temps eſt bien employée à cet exercice : car je fais par ces Tableaux, premierement que nos Sauvages y voyent ſenſiblement ce que je leur enſeigne ; ce qui les touche plus fortement.

De plus i'ay cet advantage, qu'ils ſe ſervent de Predicateurs à eux meſmes, & que ceux qui ne viendroient pas prier par devotion, y viennent du moins par curioſité, & ſe laiſſent ainſi inſenſiblement prendre par cet attrait. Enfin i'ay trouvé moy meſme le ſecret de m'inſtruire ; car en les entendant raconter nos Myſteres, j'apprens beaucoup de la langue, par le moyen de ces Images.

Entre les portraits que j'ay fait, il y en a un de la bonne, & de la mauvaiſe mort. Ce qui m'a obligé à le faire, a eſté que je voyois que les

vieillards & les femmes âgées se fer-
moient avec les doits les oreilles, du
moment que je leur voulois parler
de Dieu, & me disoient: je n'entens
pas. I'ay donc mis dans un costé de
mon Tableau un Chrestien qui
meurt saintement, ayant les mains
jointes, en sorte qu'il tient la Croix
& son Chapelet; puis son ame est
élevée dans le Ciel, par vn Ange, &
les Esprits Bien-heureux paroissent
qui l'attendent. De l'autre costé j'ay
mis dans un lieu plus bas vne femme cassée de vieillesse qui y meurt,
& qui ne voulant pas écouter un
Pere Missionnaire, qui luy montre
le Paradis , tient auec les doits ses
deux oreilles fermées: mais un Demon sort de l'Enfer qui luy prend
les bras & les mains , & met luy
mesme ses doits dans les oreilles de
cette femme mourante. L'ame de

cette femme est enlevée par trois Demons, & un Ange qui sort d'une nuée, l'espée à la main les precipite dans les abysmes.

Cette figure m'a donné une belle matiere de parler de l'immortalité de nos ames, & des biens & des maux de l'autre vie : & l'on n'a pas plustost conceû l'explication de mon Tableau, qu'il ne s'est plus trouvé personne qui ayt ozé dire: je n'entens pas. Que si cette Image a eû cet effet, j'espere que celle de l'Enfer que ie travaille, en aura encore un plus grand à l'avenir.

L'invention de ces Tableaux n'est pas tout à fait nouvelle ; elle avoit desia esté mise saintement en usage par un celebre Missionaire de nostre France; & il n'est personne qui aye leu la vie de Monsieur le Noblez, qui n'auoüe que ç'a esté

un des plus beaux secrets dont il se
soit servi pour instruire les peuples
sur nos saints Mysteres.

Le Pere Pierron a peû imiter ce
grand homme, & introduire dans le
fond de nos forests une pratique
qui a esté de si grand usage parmy
une nation dé-ja ciuilisée. L'on a
sceû que cette sainte methode avoit
esté infiniment utile ; mais elle ser-
viroit de bien peu, si ce Pere ne ioi-
gnoit à ces saintes industries, les
grands travaux qu'il luy faut ne-
cessairement souffrir, pour faire
continuellement chaque semaine
la visite de sept grands Bourgs, dans
l'espace de sept lieuës & demy de
longueur, afin d'empescher, qu'aucun enfant, ny aucun adulte mal a-
de ne meure sans recevoir le Baptesme. Et si quelquefois quelqu'un
échappe à sa diligence ; c'est la plus

senſible affliction qu'il ſouffre, & ce qui luy fait demander qu'on luy envoye inceſſamment du ſecours. On luy a accordé ce qu'il deſiroit: le Pere Boniface a eſté choiſi auſſitoſt aprés ſon arriuée de France à Quebec, pour aller cette année ſeconder ſon zele.

L'on ne ſçauroit dire ſi la guerre que les Iroquois ont avec les neuf nations des Loups repandues depuis Manhate, juſques aux environs de Quebec, eſt plus advantageuſe à la foy Chreſtienne, que la paix: La guerre les humilie par la perte de leurs gens : mais auſſi les empeſchant de s'arreſter dans un lieu, elle met des obſtacles à la converſion des gueriers, qui ſe ſeparent en pluſieurs bandes pour aller en party contre l'ennemy. Les Agniez & les Loups ſe font la guerre juſ-

ques auprés de la nouvelle Orange,
& s'eſtants pris ſe brûlent , & ſe
mangent les uns les autres. Mais les
Loups ont cet avantage , qu'eſtans
grand nombre d'hommes & gens
errants , ils ne peuvent eſtre facilement deſtruits par les Iroquois,&
les Iroquois le peuvent eſtre plus
facilement par les Loups.

On ne laiſſe pas toûjours de gaigner quelques ames à Iesvs-
Christ dans ce tumulte des armes. Deux vieillards ne ſembloient
attendre pour mourir , que le Bapteſme qu'ils receurent avec toute la
conſolation poſſible ; mais un troiſiéme qui ſe voyoit mourir avec
une parfaite preſence d'eſprit , afin
de juſtifier ſon endurciſſement,
prenoit pour pretexte qu'il ou-
blioit toutes les inſtructions que le
Pere luy faiſoit , du moment qu'il

eſtoit hors de ſa Cabanne ; enfin
eſtant preſſé de ſe convertir , il dît
qu'il avoit trop commis de crimes
pendant ſa vie, pour ſe convertir à
l'heure de la mort : En effet comme la Providence Divine ne per-
met jamais, qu'vn homme pour
Sauvage qu'il ſoit , meure ſans le
Bapteſme , s'il a taſché de tout ſon
poſſible de garder la loy naturelle;
auſſi Dieu permet-il ſouvent par
une juſte punition, que ceux qui
ont mal veſcu, ſoient privez du
Bapteſme.

Vn autre Vieillard agé de plus de
cent ans, homme d'excellent jugement, & qui avoit eſté la premiere teſte du pays , a eſté auſſi baptiſé, s'eſtant diſpoſé à cette grace,
par ſa conſtance à venir prier Dieu
en preſence de tout le monde,
malgré les railleries continuelles de

quelques-uns de fa nation encore
infidelles.

Vne des chofes, qui empefche le
plus la converfion de ces barbares,
eft ce qu'on appelle parmy eux la
jonglerie, ou l'art de guerir les malades par des fuperftitions criminel-
les : neantmoins le Pere par fon
adreffe a rendu cet art fi ridicule,
que perfonne n'ofe foufler aucun
malade en fa prefence ; les Iongleurs feignans qu'ils ont dé-ja
fait leur operation, quand il entre
dans la Cabane. Ce qui luy donne
du credit pour cela, eft qu'il procure aux malades beaucoup mieux
que ces pretendus Medecins, la
fanté du corps avec celle de l'ame.

Vn autre foin des Miffionnaires
regarde les Captifs à qui l'on aprend
à mourir en veritables Chreftiens, au
milieu des flammes, aprés leur avoir

donné le Baptesme: & quelquefois il est arrivé que les Iroquois ont eux _ mesmes servi d'interpretes pour leur apprendre nos mysteres. On peut faire voir par plusieurs exemples que Dieu opere dans l'ame de ces infidelles, en les frappant de sa crainte: En voicy un assez remarquable. Vn Capitaine de guerre de la nation des Agnez devant partir le lendemain pour aller contre les Loups leurs ennemis, alla demander au Pere dans la Chapelle que les Sauvages ont eux-mesmes dressée, ce qu'il feroit, & ce qu'il diroit pour aller au Ciel, s'il arrivoit qu'il fust pris en guerre & qu'il deust estre bruslé : cette demande toucha le cœur du Pere, & l'obligea de luy enseigner la maniere de faire un acte de contrition, lequel ce Sauvage repassa durant

une heure dans son esprit pour le
bien apprendre, & puis le luy re-
peta souvent, qui est une marque
que ces Barbares commencent à
apprehender une autre vie ; & l'on
doit raisonnablement croire que
cette crainte qui est le commencement de la veritable sagesse, leur
sera salutaire.

Comme la crainte de la mort se
fait sentir à ceux qui ne sont pas
encore baptisez, le mespris de
la vie est admirable en ceux qui
ont receu le Baptesme. Ceux qui
croyent en Dieu, dit une femme
Iroquoise, qui avoit couché deux
nuits toute seulle à la campagne en
danger d'estre enlevée par quelqu'un de la nation des Loups, ne
doivent point craindre la mort,
puisqu'elle leur sert de passage pour
aller au Ciel.

Quoy qu'il y en ait parmy les Agniez qui n'ont pas la Foy ; neanmoins plusieurs d'entre eux ont une veritable soif, & une veritable faim de la Iustice : & il se trouve que Dieu fait apprendre à quelques-uns d'eux leurs prieres d'une façon qui semble tenir du miracle. Il y a des femmes Sauvages si ferventes dans la priere, qu'elles y passent les nuits toutes entieres, & si devotes envers la sainte Vierge, qu'elles disent chaque iour plusieurs fois leur Chapelet.

La premiere chose qu'elles font, lors qu'elles vont travailler dans leurs champs, est d'inviter celles qui sont de leur compagnie, d'offrir à la Mere de Dieu la mesme priere, à laquelle elles joignent toutes ensemble quantité d'Oraisons jaculatoires qu'elles adressent à Dieu.

N'eſt ce pas la montrer qu'on eſt capable du Chriſtianiſme?

La vraye pieté commence à ſe former de telle maniere dans les eſprits des Agniez, que le Pere qui en a la conduitte, écrit qu'il a celebré la derniere Feſte de Paſques avec beaucoup de ſolemnité. Qu'il a donné à ſes nouveaux Chreſtiens la ſainte Communion. Que la ceremonie du Vendredy Saint s'y eſt faite comme en France, & que tous y ont adoré noſtre Seigneur en Croix.

Le Catechiſme ſe fait deux fois le iour ; une fois pour les hommes , & l'autre pour les femmes. Et la ferveur y eſt ſi grande , que les perſonnes mariées n'ont point de honte de s'y faire interroger publiquement. Il s'eſt trouvé une femme aſſez capable pour apprendre la for-

me du Baptefme, & tout ce qui eſt
neceſſaire pour l'adminiſtration de
ce premier Sacrement de l'Egliſe,
qui eſt la porte de tous les autres;
quoy qu'on ne luy en aye pas encore permis l'uſage & l'exercice.

Cette femme devoit eſtre enve-
lopée dans un maſſacre que firent
les Loups de pluſieurs Agniez, prefque à cent pas de la palliſſade d'un
de leurs Bourgs, où les ennemis s'é-
toient mis en embuſcade ; mais il
arriva que cette femme devant aller auec les autres travailler à ſon
champ, elle les envoya devant elle,
auec aſſeurance de les ſuiure incontinent apres : là deſſus elle s'endort
tout à coup, & au meſme moment
l'on entend le cry des perſonnes
que l'on maſſacroit. Ah ! dît cette
bonne Chreſtienne , je reconnois
bien que Dieu vouloit me conſer-
ver

ver, & je ne cesse point de le remer-
cier de cette grace.

Voicy une chose qui n'est pas
moins remarquable. L'une de ces
femmes blessées par les Loups leurs
ennemys, raconte qu'elle fut attaquée par l'un d'eux qui luy donna
trois coups de hache sur la teste,
pendant qu'elle se deffendoit cou-
rageusement contre luy: mais qu'un
autre coup qui luy fut donné a costé
de l'œil droit, la jetta par terre, &
l'épuisa de sang & de forces. Alors,
ainsi qu'elle l'a rapporté au Pere, elle fit cette priere. IESVS vous estes
le maistre de ma vie, ayez pitié de
moy ; car si je meurs en l'estat où
je suis, sans estre baptisée, je seray
eternellement bruslée dans des feux
qui ne s'esteignent iamais. A peine
auoit-elle acheué ces paroles, qu'elle sentit vne force qui se coula par

B

tout son corps. Elle se releua sur le champ; & comme elle alloit se saisir de la hache de son ennemi, qui la pouuoit aisement tuer, il prit à l'heure mesme la fuite. Cela obligea cette femme à demander le Baptesme, & à dire, ie veux croire & honorer le reste de mes iours, IESVS mon liberateur.

Certes voila de tres-beaux commencemens, & bien qu'en la nouuelle Eglise des Agniez, il n'y ayt pas grand nombre d'adultes, parce qu'on ne les baptise qu'avec beaucoup de precaution; elle ne laisse pas d'avoir des ames heroiques parmi des femmes Catechumenes, qui font beaucoup d'impression sur l'esprit de leurs marys, & qui remportent tous les jours d'illustres victoires contre ceux qui les veulent engager dans le crime.

Comme l'on preſſoit une de ces nouvelles Chreſtiennes de quitter la priere juſques à la menacer ; elle fut aſſez genereuſe pour repondre en cette occaſion à ſon mary : Ie ſuis maiſtreſſe de moy meſme , je fais ce qu'il me plaiſt: & toy fais ce que tu voudras. D'autres ſe moquent des injures, & diſent haute-ment; n'importe, qu'on nous tuë ; car cette vie eſt peu de choſe, & nous eſperons que Dieu nous fera miſericorde.

La conſtance de quelques nouveaux Chreſtiens n'eſt pas moins à eſtimer dans un de leurs Bourgs, nommé Gandaoüaguen ſous la conduitte d'un fervent Catechiſte: & bien que la raillerie ſoit infini-ment ſenſible à ces peuples, ils ne laiſſent pas de la ſupporter gene-reuſement pour l'amour de IESVS-

CHRIST. Nous baissons la teste à ces injures, disent-ils au Pere ; & quand nous sommes assemblez, nous prions Dieu qu'il ouvre les yeux à ces moqueurs pour voir ce que nous voyons. En un mot l'experience fait voir tous les jours plus que jamais, que les Sauvages sont capables de tout (aussi bien que les François) dans les choses qui regardent la pieté & le service de Dieu. Ils sçavent tout ce qui est de plus dificile dans le Mystere de la sainte Trinité; ils distinguent les deux natures en Iesvs-Christ; ils connoissent ce que l'Eglise enseigne de l'imortalité de nos ames, du jugement, du peché mortel, du peché veniel , & du peché originel : & comme on s'applique particuliere-ment à leur enseigner les prieres ordinaires & les Commandements

de Dieu & de l'Eglise, qu'ils chantent tous les Dimanches en vers
Iroquois ; c'est aussi ce qu'ils n'i-
gnorent pas non plus que le reste,
dont la connoissance est absolu-
ment necessaire, lorsque on les re-
çoit au Baptesme.

Il n'est pas iusques aux petits enfans qui ne paroissent capables des
plus belles impressions de la foy.
Vn exemple entre les autres le va
faire voir. Vne femme Iroquoise
avoit eu vn soin particulier de l'instruction de l'un de ses enfans, âgé
d'environ trois ans : comme elle
tomba malade, il luy demanda au
plus fort de son mal, ce qu'elle avoit
à se pleindre de la sorte. Ie suis malade, mon fils luy répond sa mere;
alors ce petit enfant s'adressant à nôtre Seigneur, luy dit ; Seigneur qui
estes le maître de nos vies ayez pitié

de ma mere, & luy rendez la santé.
Cet enfant est le mesme à qui on a
donné une image où sont represen-
tez nos mysteres ; il les sçait parfaitement, & monstre l'esprit qu'il a
capable de tout. L'Ambassade des
principaux gueriers d'Agnié qui sót
venus le printéps vers Mr de Courcelle nostre Gouverneur, pour luy
demander avec des presents quelques-uns de nos Peres, afin d'assister celuy qui a soin de leur Eglise,
est une marque qu'ayans de l'inclination pour la Foy, on a sujet de
concevoir de grandes esperances de
leur conversion. De plus la paix
qu'ils sont d'eux-mesmes venus les
premiers affermir par de nouveaux
presents, contribuera beaucoup à
l'avancement de la Religion, dans
la juste crainte que leur donnent
les armes du Roy, sous la conduite

de Monſieur de Courcelle, dont ils
redoutent le courage, & qui à meſme temps qu'il agit avec eux de la
maniere la plus propre à les tenir
dans le devoir, leur inſpire par ſes
parolles le reſpect qu'ils doivent à
la Foy Chreſtienne & aux Predicateurs de l'Evangile.

Ces Barbares ont maintenant
vne ſi haute idée de la valeur des
François, qu'ils penſent qu'il n'y a
que la pretection du Roy qui les
puiſſe deffendre de leurs ennemis:
c'eſt pourquoy ils ſont venus de-
mender du ſecours à Monſieur noſtre Gouverneur contre la nation
des Loups, comme pour la deffen-
ſe d'un pays qui eſt dé-ja au Roy par
la force des armes, & qu'ils ne tiennent que parce que il luy plaiſt de
le leur laiſſer. C'eſt ainſi que les
Ambaſſadeurs d'Agnié ſe ſont ex-

pliquez dans leur harangue.

Toutes ces choses iointes au courage qui est naturel à la nation des Agniez, confirment plus que jamais qu'on y peut faire une florissante Eglise. Les victoires de la pudeur y sont fort illustres: j'ay admiré la vertu d'une jeune féme nouvellement convertie & sollicitée au mal, avec asseurance que le Pere Missionnaire ne le sçauroit pas. Elle respondit s'il ne le sçait pas, Dieu le sçaura à qui rien n'est caché, & qui seul est à craindre plus que tous les hommes du monde. Cette réponce arresta l'insolence de celuy qui la sollicitoit au mal. C'est la mesme qui a depuis imité saint Thomas prenant comme luy un tison ardent à la main pour deffendre sa pudeur. C'est se tromper, que de croire que les Sauvages soient in-

capables de la force Chreſtienne.
Comme l'on exhortoit un vieillard
Chreſtien, âgé de quatre-vingt dix
ans à ſouffrir en ce monde, dans la
veuë qu'on ne ſouffre plus en Paradis; il répliqua, je n'ay pas beſoin que
l'on m'encourage; le Paradis avec
ſes biens m'encourage aſſez. Cet
homme qui avoit gouverné tout le
pays, fut baptiſé le jour de la Feſte
de tous les Saints, dont il porte le
nom. Les Agniez ont d'eux-meſ-
mes pris garde qu'une ſeule choſe
eſtoit capable de deſtruire ces beaux
commencements de la pieté Chreſtienne, & qu'il y avoit chez eux un
Demon eſtranger plus à craindre
que ceux qu'ils adoroient dans leurs
ſonges. Ce Demon eſt la boiſſon
enyvrante, qui leur venoit de la
nouvelle Orange. Ils ont cherché
dans un Conſeil public les moyens

d'arrester ces desordres, qui ruinoient entierement la Foy, & les corps de leur jeunesse, & ayant appris du Pere Pierron, que le moyen le plus efficace estoit de presenter eux mesmes une requeste pour cela au Gouverneur general de Manhate, les plus considerables d'entre eux ont esté luy en presenter une qu'on leur avoit dressée. Voicy la responce que fit le Gouverneur de Manhate, & à la requeste des Agniez, & à la lettre du Pere qu'il y avoit jointe: ce sont les propres termes tirés mot à mot de l'original.

PERE,

Par vostre derniere, j'apprens vostre complainte laquelle est secondée par celle des Capitaines

Iroquois, des Sacheins, des Indiens,
comme il appert plus ouvertement
par leur requeſte encloſe dans la
voſtre, qui eſt touchant la grande
quantité de liqueurs que quelques-
uns d'Albanie prennent la liberté
de vendre aux Indiens ; en ce faiſant, que de grands deſordres ſe
font commis par eux, & eſt à craindre de dauantage, ſi l'on n'y pre-
uient. Pour reſponſe, vous ſçaurez
que j'ay pris tout le ſoin poſſible, &
y continueray ſous de tres ſeueres
amandes, à reſtraindre & empeſ-
cher de fournir aux Indiens aucun
excez. Et je ſuis fort aiſe d'entendre que telles vertueuſes cogita-
tions procedent des Infideles, à la
honte de pluſieurs Chreſtiens. Mais
cela doit eſtre attribué à vos pieu-
ſes inſtructions, vous qui eſtant bien
verſé en une eſtroite diſcipline, leur

auez montré le chemin de morti-
fication, tant par vos preceptes que
pratique.

Voſtre tres-humble
affectionné feruiteur
FRANCIS. LOVELACE.

Du Fort Iaques 18.
de Nouembre 1668.

Nous allons finir ce Chapitre par
le nombre de ceux qui ont eſté
baptiſez à Agnié , ou par le Pere
Fremin, ou par le Pere Pierron pendant ces deux années 1668. & 1669.
L'on compte de baptiſez iuſques à
cent cinquante & vn, dont plus de
la moitié eſtoient enfans ou vieillards, qui ſont morts bien-toſt apres
leur Bapteſme. Cette moiſſon doit
paſſer pour aſſez abondante dans
une terre inculte, & nous devons
beaucoup eſperer aprés de ſi beaux
commancemens.

On doit aprés Dieu la naiſſance de cette Egliſe floriſſante à la mort & au ſang du Reverend P. Iogues. Il l'a verſé au meſme lieu que commence à naiſtre ce nouveau Chriſtianiſme, & il ſemble que nous pouvons de nos jours verifier en ſa perſonne ces belles paroles de Tertullien, que le ſang des Martyrs eſt la ſemence des Chreſtiens. Et ſi la mort des Martyrs eſt comme dit excellemment un Pere de l'Egliſe, la ſcience de l'éternité, *ſcientia æternitatis*, nous pouvons aſſeurer que la mort du Pere Iogues a merité à ces Infidelles, qui l'ont autrefois maſſacré, que Dieu leur donnât, par le moyen de ſes ſucceſſeurs, la ſcience de l'Evangile, qui eſt la veritable ſcience de l'éternité bien-heureuſe, qu'il leur avoit annoncée trois diverſes fois, qu'il alla dans leur pays , sans craindre la cruauté de ces Barbares.

CHAPITRE II.

De la Mission de saint François Xavier dans le pays des Onnejoüts ou nation de la Pierre.

LES Onnejoüts éloignez de la nation des Agniez d'environ trente lieuës vers le Midy, & distants de Quebec d'environ cent quarante lieuës, sont de tous les Iroquois les moins traitables, & les armes des François n'ayans pas encore penetré jusques là, ils ne nous craignent, que par l'experience de leurs voisins les Agniez. Ce peuple qui méprise les autres, depuis leur defaite, est d'une humeur bien contraire à la Foy Chrestienne & exerce beaucoup par sa fierté la

patience d'un Miſſionnaire. Il falloit que la providence Divine leur
donnaſt un homme tout propre
à les cultiver, & qu'elle leur choiſiſt
un eſprit qui puſt par ſa douceur
domter ces naturels farouches.

Le Pere Iacques Bruyas a eſté
celuy, que la providence Divine
leur a deſtiné ; mais ſes peines ne
ſont payées pour l'ordinaire que de
rebus & de mépris. Il ne croit
neantmoins pas ſon temps mal em-
ployé, il met ſa joye dans ſes ſouffrances, & il écrit dans une de ſes
lettres, qu'il juge que tous ſes travaux ſont bien recompenſez, quand
il peut baptiſer quelque enfant
moribond, dont il met par ce
moyen le ſalut en aſſeurance.

L'Apoſtaſie de quelques Chreſtiens adultes, fait ſon plus rude ſup-
plice, comme il l'écrit luy meſme:

mais Dieu a accouftumé de luy
faire gaigner quelque ame pour
celle qu'il viét de perdre. Au milieu
des alarmes continuelles que les
Loups & les peuples d'Andaftro-
gué donnent aux Onnejouts, le
Pere ne laiffe pas de faire trouver
la paix de l'ame & du Paradis à
quelques vieillards qui meurent
bien toft aprés le Baptefme.

Le grand empechement de la
converfion de ce peuple , & le
principe de fon inconftance, eft le
grand amour qu'il a pour la vie.
Cet amour le fait recourir à fes fuperftitions ordinaires pour donner
la fanté aux malades. Vne femme
qui paroiffoit tres-fervente dans l'é-
xercice de la priere depuis le temps
qu'elle avoit receu le Baptefme à
Quebec, eft miferablement retour-
née à fon idolatrie, par le defir de
sauver

sauver la vie à sa fille. Mais si cette mere a perdu sa coronne, elle a esté donnée à une autre femme : & il y en a parmy cette nation qui ont d'admirables sentiments de devotion.

Voicy un exemple qui montre que Dieu se plaist à se faire connoistre particulierement aux lieux où la voix de l'Evangile ne s'est point encore fait entendre. Vn homme agé de soixante & dix ans a merité la grace du Baptesme, par le bon usage qu'il a toûjours fait de la connoissance qu'il a eu de tout temps du maistre de nos vies, ainsi qu'il parle luy mesme. Cette lumiere naturelle & divine tout ensemble, a agy d'une excellente façon sur son ame; elle luy a toûjours fait offrir à Dieu ses Castors, ses Cerfs, & toute sa chasse. *Signatum eſt ſuper nos lumen vultus tui.* ô Dieu! voſtre lumiere & la connoiſſance de voſtre Eſtre ſouverain eſt un ſceau gravé ſur les ames les plus Sauvages.

Ce meſlange de bien & de mal, d'eſperance, & de crainte, pour le ſalut de ces ames rachetées du ſang d'un Homme-Dieu, fait recourir continuellement le Pere à la priere, & le fait veiller ſans ceſſe. Il eſt occupé tous les jours à viſiter les Cabanes, & à faire en ſorte que les malades ne meurent point ſans recevoir le Bapteſme; & il luy faut pour cela, ſouffrir les menaces des inſolents, & ſur tout des yvrognes, qui ont pluſieurs fois preſque abbatu à coups de haches ſa nouvelle Egliſe & qui ont en ſuitte attenté à ſa vie.

Adjouſtez à cela la pauvreté de ſon

viure. Il n'a pendant la plus grande
partie de l'année que des grenouil-
les seches, encore est-ce en ce pays
là faire bonne chere que d'en avoir.
C'est neantmoins cette sorte de
vie, qui donne la vocation aux Missionnaires, & qui leur fait demander à l'envy ces lieux les plus aban-
donnez, & les plus destituez des
consolations humaines, parce qu'ils
sont les plus remplis de souffrances
toûjours accompagnées des consolations divines. Puisque la sainte vie d'une fervente Chrestienne
nommée Aouguenhaon fait la plus
grande consolation du Pere, qui a
soin de cette nouvelle Eglise : on
sera bien aise de sçavoir ce qu'il
écrit luy mesme de l'innocence de
cette femme.

Elle est, dit-il, la plus fervente de
toutes, & la plus solidement Chre-

ſtienne. Non; je n'ay jamais rien veû de plus innocent qu'elle, ny perſonne qui euſt une conſcience plus tendre pour une Sauvage. Elle me vint trouver il y a quelque temps, dans la crainte d'avoir commis un grand peché; parce qu'une femme de ſa cabane luy ayant dit qu'elle vouloit luy raconter ſon ſonge, elle luy avoit reſpondu dans le premier mouvement qui n'eſt pas libre, je vous écoute. Mon plaiſir eſt de la voir ſi fidelle, & ſi fervente parmy tant de perſonnes lâches, & de ſçavoir qu'elle parle hautement de la Foy dans les cabannes. Elle n'eſt pas écoutée, mais Dieu ne laiſſera pas de recompenſer ſon zele, & dé-ja elle eſt aſſeurée d'avoir quatre de ſes enfants dans le Ciel. Ma joye, dit elle ſouvent, eſt l'eſperance de les aller voir,

& je mourray plustost que de qui-
tèr la Foy que j'ay embrassée.

Le nombre des Baptisez monte
à peu pres à trente, dont la plus part
jouissent dé-ja de la gloire. Voilà
l'estat de cette Mission, à laquelle
le Pere a donné le nom de S. François Xavier qui est le protecteur de
ce nouveau monde; Et y est honoré
en cette qualité chaque année par
une feste solemnelle que Monseigneur de Petrée a establie dans toute la Nouvelle France.

CHAPITRE III.

De la Mission de saint Iean Baptiste
dans le pays d'Onnontagué, ou
nation de la Montagne.

APrés la nation des Agniez, &
celle des Onnejouts, allant

entre le Midy & l'Occident on rencontre Onnontagué. C'eſt un grád Bourg, qui eſt le centre de tous les peuples Iroquois, & le lieu des aſſemblées generalles qu'ils font chaque année.

Cette Miſſion a autrefois eſté la plus floriſſante de toutes celles que nos Peres avoient commencé d'eſtablir parmy ces peuples ; & comme elle eſt encore aujourd'huy l'une des principales, on luy a donné deux Ouvriers qui la cultivent, ſçavoir le Pere Iullien Garnier, & le Pere Pierre Millet. Mais ce n'eſt pas ſans beaucoup de peine, qu'ils font renaiſtre l'eſprit de la Foy qui eſtoit demeurée dé-ja pluſieurs années comme morte dans les ames de ces Barbares.

Vn des grands obſtacles que l'on trouve, eſt le ſonge, qui ſem-

ble estre l'unique Divinité de ce
pays, à laquelle ils deferent en toutes choses. Comme ils ne trou-
blent point nos prieres , & que
mesme les plus superstitieux y assi-
stent ; ils ne peuvent pas souffrir
aussi qu'on s'oppose à leurs cere-
monies, & ils croient qu'on desire
leur perte, si l'on veut destruire le
songe, qu'ils regardent comme la
chose qui les fait viure.

On tint un jour un celebre con-
seil sur le songe d'un vieillard malade. Il avoit dit qu'il avoit veu
en dormant un homme de la hau-
teur seulement d'une coudée , &
qu'il luy avoit monstré premierement des gouttes de sang lesquel-
les tomboient du Ciel. Il adjoûtoit
de plus, qu'il en estoit mesme tombé des hommes ; mais dans un pi-
toyable estat : car on leur avoit
C iiij

couppé les doits & le nez ; en un
mot on les avoit traitez en Captifs.
Enfin ce vieillard affuroit qu'un de
ces petits hommes luy avoit dit
qu'on le traiteroit ainfi dans le
Ciel, & que tous ceux, qui y iroient
feroient entre les mains des An-
daftoguez leurs ennemis.

Mais vn Ancien oppofa fur le
champ fon fonge au fonge de ce
malade. Et moy, dit il, j'ay fongé,
que j'eftois au Ciel, & que d'abord
que je defirois quelque chofe, je
l'avois auprés de moy. Ainfi par
une réverie il en détruifoit une autre, & cela pour complaire aux Miffionnaires, mais affez à propos pour
refuter l'impertinence, & l'impo-
fture de ce refveur. Les plus éclai-
rez parmy eux voient bien que la
plufpart de ces fonges font inven-
tez : cependant ils ne laiffent pas

d-agir dans l'occasion, comme s'ils les croyoient veritables.

Cela n'empesche pas que les Onnontaguez n'ayent du respect pour la Foy , & pour les Commandements de Dieu. Quelques uns de ceux qui sont allez à Quebec, ont esté touchez de l'exemple des Hurons Chrestiens,&des exhortations qu'ils leur ont faites en faveur de la Religion Chrestienne. Celuy chez qui demeure le Pere Garnier, a raconté à Onnontagué le discours qu'un Huron luy avoit fait à Quebec, pour luy persuader d'embrasser la Foy ; il ne se peut rien dire de mieux que cette harangue, ny pour la Religion, ny pour les Missionnaires. Alors chacun commença aussi à en dire du bien,& à remarquer les avantages des Loix du Christianisme sur leurs vieilles coustumes.

Ces bons sentiments joints au soin des Missionnaires ont esté accompagnez de bons effets. Car pendant qu'un vieillard aveugle depuis long-temps & volontairement sourd à la parolle de Dieu, railloit jusques à la mort sur nos plus saints Mysteres, une femme captive qu'on brula à Onnontagué, receut la grace de l'Evangile dez la premiere fois qu'elle luy fut presentée. La Divine providence disposa merveilleusement toutes choses, pour son instruction, & pour son Baptesme: elle fut envoyée avant son supplice dans la cabane, où estoit le Pere Garnier, qui la retira incontinent de la foule; & l'ayant conduitte dans la Chapelle, il eut assez de loisir pour l'instruire, & la baptiser ensuitte. On luy declara sa sentence de mort, aprés laquelle elle écouta

le Pere avec une douceur & une
preſence d'eſprit admirable. O que
Dieu eſt aymable dans la conduite
de ſes Predeſtinez, & qu'il y a de
conſolation d'eſtre l'inſtrument de
Dieu à ſauver ces ames abandon-
nées! Cette femme ſortit de la Chapelle où elle eſtoit toute remplie de
courage, & fit admirer ſa conſtan-
ſtance au milieu des feux allumez,
où ſon fils venoit d'expirer heureuſement y ayant eſté ietté au ſortir du
Bapteſme.

Ce coup de la providence fut
ſuivi d'un autre qui n'eſt pas moins
remarquable. Vne captive montoit
déia ſur l'eſchaffaut pour y eſtre
brûlée, lorſque le Pere ſurvint fort
à propos pour le ſalut de ſon ame:
il eut aſſez de temps pour l'inſtruire, & pour la baptiſer; & en ſuitte
on commença cette tragique exe-

cution, qui fait les delices de ces peuples.

Les enfans qui meurent apres le Baptesme estant le fruit le plus asseuré des travaux Evangeliques; on s'étudie particulierement à n'en laisser mourir aucun, sans luy conferer ce premier Sacrement de l'Eglise. La grace favorise ce saint empressement des Missionnaires, par des inspirations particulieres. Le mesme Pere venoit de visiter un enfant malade, âgé de trois ans, & l'auoit laissé sans le baptiser, dans la creance qu'il n'y avoit point encore de danger de mort; mais le soir comme il disoit son Office, la pensée luy vint tout à coup que cet enfant pourroit bien mourir, quand on y penseroit le moins. Cette pensée le presse, il ne peut achever en repos son Office, il va sur l'heure Baptiser cet enfant, qui mourut la mesme nuït, peu d'heures apres son Baptesme.

Voicy un exemple d'une grace de Dieu bien particuliere. Vn ieune-homme estoit malade depuis long-temps, il ne manquoit iamais tous les iours de prier Dieu lors que le Pere le visitoit : que si quelquesfois la multitude des affaires empeschoit le Pere de luy aller rendre ce bon office, luy mesme l'envoyoit chercher par une ferveur toute singuliere Vn temps assez notable se passa de la sorte, iusques à la veille de sa mort, qu'il demanda luy mesme, s'il ne luy manquoit plus rien pour aller en Paradis Alors, quoy qu'il ne parût rien de fort extraordinaire en son mal, il fut baptisé sur l'heure, & il arriva que le lendemain il mourut avant le temps ordinaire qu'on luy alloit faire dire ses prieres.

La grace est merveilleuse à prendre son temps, & encore plus à se servir de certaines personnes pour venir à bout de ses desseins. Cela se voit dans une femme Iroquoise, qui eut de l'affection pour la priere dez la premiere fois qu'on luy en parla dans sa maladie; mais elle en a l'obligation à un jeune Iroquois de sa mesme cabanne, lequel dans un danger de mort avoit esté baptisé, & qui donna depuis à cette femme les mesmes impressions qu'il avoit receües.

Toutes ces ames gagnées à Dieu coustent bien cher aux Missionnaires, ce sont les fruits de leurs larmes, & des dangers de perdre la vie où ils se trouvent souvent. Vn Iroquois commençoit à chanter, selon la couſtume de ces peuples qu'il venoit tuer le Pere Garnier , parce que dans une ceremonie publique, il avoit refuſé une choſe qu'il ne pouvoit pas accorder : mais comme le Pere eſtoit en la ſauuvegarde de celuy chez qui il logeoit , ſon hoſte fit un preſent à ce meurtrier pour le detourner de ſon deſſein.

Le ſecours que le Pere Millet eſt allé donner au Pere Garnier à Onnontagué, eſtoit abſolument neceſ-ſaire ; Il y arriva ſur la fin du mois d'Octobre de l'année 1668. Depuis il a fait prier Dieu en public & en particulier , & il a bien-toſt acquis aſſez de connoiſſance de la Langue Iroquoiſe pour faire le Catechiſme tous les Dimanches. Comme il arriva au lieu de ſa Miſſion avec le Pere de Carheil, qui depuis a eſté envoyé aux Ojogoüens , ſa joye fut beaucoup moderée par lͻ trifte fpectacle des captifs d'Anda-ftogué, qui arriverent en mefme temps, & dont une partie eftoit deftinée aux flammes. Ie ne fcay, dit-il, dans une de fes lettres, quel augure j'en dois prendre. Pluft à Dieu que cela me marquaft que je dois faire de ces peuples des Captifs de Iefus-Chrift & les empefcher de brûler durant toute l'Éternité. Que je ferois heureux, fi cela fignifioit que je dois eftre moy mefme captif, & eftre brûlé pour Iefus Chrift. Mais je fuis trop indigne de cette faveur, & je n'ofe la demander, parce qu'elle eft trop grande.

La recommandation de Monfieur Tallon noftre Intendant aupres de Garakontié ce fameux Capitaine d'Onnontagué, a beaucoup fervi

ſervi aux emplois de ce Pere, & ſa
faveur n'a pas ſeulement eſté utile
dans ce pays ¡la à l'eſtabliſſement
des affaires de ſa Majeſté , mais encore a beaucoup facilité l'avancement du Chriſtianiſme. Auſſi a t-il
toûjours travaillé également pour
les intereſts de Dieu, & pour le bien
public , qu'il procure de tout ſon
pouvoir.

On ne doute point encore, qu'on
ne doive attribuer cette ſoumiſſion
des Iroquois qui offrent leurs enfans au Bapteſme, à la reputation
des armes du Roy , & au reſpect
que Monſieur de Courcelle noſtre
Gouverneur a ſoin d'imprimer dans
l'eſprit de tous nos Sauvages, & par
les paroles dans les Ambaſſades
qu'ils luy font , & par le courage intrepide qu'il leur fait paroiſtre.

C'eſt une providence bien par-

D

ticuliere de Dieu, que la victoire
que les Iroquois ont remportée, il
y a environ vingt ans, fur les Hurons ; car la Foy a efté ainfi publiée
en tous lieux par les Captifs ; &
maintenant encore les Peres Miffionnaires d'Onnontagué voyent
l'effet des bonnes inftructions qne
les Hurons ont receuës dans leur
pays par le moyen de nos Peres.

En voicy une preuve particuliere dans la conduite d'une femme Huronne nommée Ieanne Af-
cerraguehaon. Cette femme eft ve-
nuë durant tout l'Hyver d'un quart
de lieuë loin, entendre les deux
Meffes des Peres Miffionnaires,
quelque mauvais temps qu'il fit,
& a demeuré fouvent apres la Mef-
fe dans la Chapelle pour y prier
Dieu. Elle avoit gaigné fur tous ceux
de fa cabane qu'on fift les prieres

enſemble tous les ſoirs, ne pouuant pas venir à la Chapelle à cauſe de la longueur du chemin.

Vn autre exemple n'eſt pas moins beau & fait voir une charité extraordinaire. Genevieue Gannennhetion auſſi Chreſtienne Huronne, a eſté tres aſſiduë à la priere, & a fait au dernier printemps une action de charité qui merite d'eſtre connuë. Vn des Peres Miſſionnaires trouva par hazard une cabane aſſez eſcartée dans les bois; il y entra, & il y ren contra vne vieille femme avec une petite fille, qui avoit ſoin d'elle. Elle luy dit qu'elle avoit eſté autrefois baptiſée à Sainte-Marie, & que l'vne & l'autre eſtoient à preſent dans une extreme pauvreté. Le Pere les ſoulagea dans leur neceſſité preſente, toutes deux eſtant tombées malades. Mais pour le mieux faire il s'adreſſa à cette Huronne nommée Genevieue, qui envoia tous les iours par ſa fille du bois à ces deux malades pour les chauffer, & des viures pour les nourrir : elle continua elle meſme à les viſiter ſouvent & ce qui eſt de plus beau, eſt que voyant cette femme qui s'affligeoit de ne pouvoir ni ſemer ni cultiver ſes champs, elle eut la charité de le faire elle meſme. La malade n'en a pas eſté ingrate : Car ſon fils eſtant retourné de ſa chaſſe & de ſa traite, elle a donné à la fille de ſa bien-faiⱯrice une honneſte recompenſe.

Ie vay finir ce Chapitre par le Bapteſme d'un Captif amené d'Andaſtogué. Il eſtoit agé d'environ cinquante ans ; & paroiſſoit eſtre fort côſiderable parmy les ſiens. On le tint quelques iours dans l'incer-

titude de la mort ; & pendant ce
temps là il penſoit pluſtoſt à ſe faire rachepter qu'à mettre ſon ſalut
en aſſeurance. Enfin ayant ſceu du
Pere Garnier que l'on n'eſtoit point
en diſpoſition de recevoir aucun preſent pour ſa deliurance, il
remercia le Pere avec autant d'a-
fection, que ſi on luy eût donné aſſeurance de la vie, & commença
dez lors tout de bon à eſcouter les
inſtructions qu'on luy faiſoit dans
la Chapelle.

Le Pere Millet aprés luy avoir
fait faire les actes neceſſaires, le
baptiza ; le captif fut remené en
ſuitte dans la meſme cabane, où il
ſervit le reſte du iour de divertiſſe-
ment à ceux qui le venoient voir, &
qui le faiſoient chanter ſelon la couſtume. Ce fut un bon-heur pour
luy que le Pere ſe trouua le ſoir

fur fon chemin comme on le con-
duifoit dans une autre cabanne
pour l'y bruler. Ie m'aprochay de
luy, dit le Pere dans une de fes lettres, & aprez l'avoir confolé, &
l'avoir encouragé à fouffrir avec
conftance, ie doutay fi ie devois aller plus avant : mais un Sauvage
m'ayant dit, que i'allaffe hardiment
avec luy pour l'inftruire, cela me de-
termina à y aller. I'arrivay dans cette cabanne auffi-toft que le Captif, & je m'affis auprez de luy.

On preparoit dé-ja les feux &
les fers qui devoient fervir à fon
fupplice ; alors voyant ce trifte ap-
pareil il fe tourna vers moy, & me
demanda s'il iroit au Ciel. Cette
demande me toucha fenfiblement
& je luy refpondis qu'il iroit au Ciel,
qu'il prift feulement courage, qu'il
ne fouffriroit qu'un peu de temps,

qu'il seroit eternellement heureux,
& qu'il dît avec moy : Seigneur fait
tes moy misericorde. Ie luy repe-
tay de temps en temps ces paroles
jusques à ce que l'on me dit, que le
temps de l'instruction estoit passé,&
que je me retirasse. Ie m'enallay
donc avec regret ; & dans la resolution de retourner le lendemain.
En effet je retournay à la cabane le
lendemain dez la pointe du jour, &
m'aprochay du Captif & luy dis,
que je luy portois compassion de le
voir en cet estat. Il me témojgna,
que je luy faisois plaisir de l'entretenir de la sorte : & comme un Iroquois estoit prest à luy appliquer sur
le pied un fer tout rouge de feu, je
le luy vis lever luy-mesme, & le tenir ainsi élevé jusques à ce que le fer
rouge eust perdu le plus fort de sa
chaleur & de son activité.

D iiij

Ils ne l'avoient encore brulé, que
jufques aux genoux ; mais à peine le
Soleil eftoit-il levé, qu'on fit le cry
par tout le Bourg pour affembler le
monde, & puis on le conduifit hors
la porte, où l'on avoit allumé deux
feux, & mis un poteau où on devoit luy attacher les pieds & les
mains. Comme ce miferable Captif fe vit ainfi attaché entre ces deux
feux, il commença à trembler de
tout fon corps, & je n'ay jamais
rien veu qui me reprefentaft mieux
noftre Seigneur à la Colomne, &
la crainte qui luy fit fuer du fang
dans le jardain des Olives. Plus ie
le voyois affligé, plus ie m'efforçois
de le confoler & de l'encourager à
la mort. Pendant tout le temps de
fon fupplice, ie me teins auprez de-
luy, tantoft me mettant à genoux
& priant pour le falut de fon ame,

tantoſt luy diſant quelque bon mot
quand on luy donnoit quelque re-
lâche, & l'exhortant à tourner les
yeux vers le Ciel, & à prier luy meſme pour ſon ſalut eternel.

Il ſouffrit avec tant de conſtance
qu'il fut admiré de tout le monde:
& il y en a qui ont cru que les pluyes
qui continuerent fort long temps,
aprez ſa mort, venoient de ce qu'on
l'avoit fait mourir. Nos Sauvages
furent bien edifiez de voir la maniere dont ie l'aſſiſtay dans ſon ſu-
plice, & ils me firent en ſuitte quantité de queſtions qui me donnerent
occaſion de les inſtruire ſur nos
myſteres.

Cet employ d'aſſiſter les Captifs
qu'on brule tout vifs, & qu'on
mange en preſence des Miſſionnaires, eſt un exercice qui demande un grand courage : & comme on

a naturellement horreur de voir
bruler & manger des hommes, c'eſt
pour un nouveau Miſſionnaire un
étrange ſpectacle que celuy là , &
où il a grand beſoin d'eſtre fortifié
par la grace. Les victorieux parmy
ces peuples en font leur divertiſſe-
ment ; mais cette cruauté ne doit
que cauſer bien de la peine à des
perſonnes élevées dans le Chriſtianiſme.

Outre ce Captif il y a eu plus de
trente perſonnes baptiſées cette année dans la Miſſion d'Onontagué.
La plus part ſont morts & ils prient
Dieu dans le Ciel pour le ſalut de
leurs freres.

CHAPITRE IV.

De la Mission de saint Ioseph dans le pays d'Ojogouen.

CE peuple qui fait une quatriesme nation Iroquoise, est éloigné de Quebec d'environ cent soixante & cinq lieuës, & d'environ vingt lieuës d'Onnontagué, en allant toûjours entre l'Occident & le Midy.

Le Pere Estienne de Carheil y arriva le sixiéme jour de Novembre de l'année 1668. & y presenta au Ciel pour premices de ses travaux une femme esclave d'Andastogué. Il estoit venu en sa compagnie d'Onnotagué, & ce chemain qu'ils firent ensemble, luy servit à la faire entrer dans le chemin du Paradis : car ayant esté instruite & baptisée

durant ce voyage de deux jours, dez
qu'elle fut arrivée à Ojogoüen, elle
fut brulée & mangée par ces barbares, le sixiesme de Novembre.

Le Pere Garnier, qui avoit con-
duit le Pere de Carheil, fit ses presents estant arrivé dans le Bourg. Il
y en avoit un pour demander une
Chapelle, & un autre pour inviter à la
Foy Chrestienne. On luy respondit
par autant de presents ; qu'on luy
promettoit d'embrasser la Foy, &
de luy bastir une Chapelle ; laquelle se trouva en estat le neufiesme
jour de Novembre, trois jours apres
son arriuée, & fut dediée à saint Ioseph par le pere de Carheil.

Il escrit que le jour de sainte Cathe-
rine il experimenta que cette grâde
Sainte agissoit au Ciel & pour luy &
pour ces pauvres Barbares qu'il vint
ce jour là un nombre considerable

de personnes qui demanderent à prier , & à se faire instruire ; desorte qu'il assure qu'il le peut appeller le jour de la naissance de sa Mission & de son Eglise. Aussi fut-ce le jour, adjouste t-il, que je demanday à cette Sainte, à qui ie m'estois autrefois consacré, qu'elle m'apprist à parler de la maniere qu'elle avoit parlé autrefois pour convaincre l'esprit des Philosophes idolatres. Depuis ce temps là, la Chapelle a esté augmentée, & n'a iamais manqué de personnes qui viennent à la priere.

Au commencement qu'il arriva, il y avoit peu de gens qui pussent venir se faire instruire, la plus part, estant ou à la pesche ou à la chasse: mais le bruit de l'armée d'Andastogué les ramassa bien-tost, & donna au Pere occasion de precher l'Evangile à un grand peuple.

Le bruit qui fut repandu que les ennemis au nombre de trois cent hómes, venoiét aſſieger Oiogoüen ſe trouva faux : Mais il ſervit beaucoup au pere Miſſionnaire pour faire connoiſtre aux Iroquois qu'il les aymoit, & pour ſe donner du credit par le meſpris qu'il faiſoit de la mort, en demeurant toutes les nuits avec ceux qui faiſoient ſentinelle. Ceux là furent deſabuſez, qui avoient cru que dans la fuite generale de tout le monde, il avoit eu peur comme les autres. Les guerriers meſmes, les Capitaines avec les Anciens, luy témoignerent dans un feſtin public l'eſtime qu'ils faiſoient de ſa perſonne.

Le Pere ſçeut profiter de cette occaſion, allant de Cabane en Cabane : Sçachez, mes freres leur diſoit-il, que les perſonnes comme nous ne craignent point la mort. Pourquoy la craindroient ils ? il croyent en Dieu, ils l'honorent, ils l'ayment, ils luy obeissent, & ils sont asseurez apres leur mort d'estre eternellement heureux dans le Ciel. C'est vous mes freres, qui devez craindre la mort ; car iusqu'à maintenant vous n'avez ny connu ny aymé Dieu. Vous ne luy avez point obei, il vous punira eternel-si vous mourez sans croire en luy, sans l'aymer, sans faire ses Commandements & sans estre baptisez. Puis ayant esté invité par un enfant à entrer dans une Cabane, où il y avoit environ vingt guerriers, il les harangua en cette sorte. Ie suis ravy mes freres de me voir dans le mesme danger que vous. Soyez asseurez que ie ne crains point la mort, & que i'aymerois

mieux perdre lavie, que de vous voir
mourir, fans avoir receu le baptefme, & il adioufta que le lendemain,
iour du combat ainfi qu'on le pen-
foit , on le verroit aller intrepide
parmy les bleffez, baptifer ceux qui
s'y feroient difpofez par une ferme
creance de nos myfteres & par une
veritable douleur de leurs fautes.

Ces efprits guerriers firent pa-
roiftre qu'ils efcoutoïent avec plai-
fir cette harangue, & quoyque ce
fuft une terreur panique qui eft ordinaire aux Sauvages, elle ne laiffa
pas d'avoir tout fon effet pour le
bien de la Foy, comme fi effective-
ment l'ennemy euft efté aux portes.
Ainfi un fage Miffionnaire ne negli-
ge point d'occafion, & fçait prendre fon temps pour faire gaigner
l'eternité à des ames qui valent, &
qui couftent le fang d'vn Homme-
Dieu.

Cette

Cette Eglise commence dé-ja à se multiplier; elle compte parmy ses Fideles non seulement des enfans & des femmes, mais encore des guerriers, dont il y en a deux qui sont des plus considerables; l'un à cause du nom du Bourg d'Oiogouen qu'il porte par honneur, & l'autre à cause de ses richesses, & de sa vaillance. La priere n'est point meprisée à Oiogouen, comme elle l'est en d'autres lieux. Si quelques-uns se sont declarez contre, il sont en tres petit nombre, neantmoins on ne se haste pas de donner le Baptesme à ces peuples : on veut éprover leur constance de peur de faire des Apostats, au lieu de faire de veritables Fideles.

Le Pere ne s'est servi au commencement pour ses instructions, que de la langue Hurone que les

Iroquois entendent tous, quand on
la parle bien. Il a depuis composé
un discours du Baptesme en Oïo-
goüen, & ne s'est servi pour le faire que des simples racines, & de l'e-
stude de la langue Iroquoise qu'il
avoit faite durant son voyage ;
estant asseuré par l'experience que
si par le moyen des racines, & des
divers discours, il pouvoit ramas-
ser une quantité de mots suffisante
pour exprimer les differentes a-
ctions, il sçauroit la langue.

Outre le Bourg d'Oiogoüen qui
est le Siege de sa Mission, il en a
deux autres, l'un à quatre lieuës de
là, & l'autre éloigné presque de six
lieuës : ces deux derniers sont situez
sur une riviere qui venant du costé
d'Andastogué, descend à quatre
lieuës loin d'Onnontagué, pour s'a-
kerietter dans l'Ontario. La grande

quantité de ioncs qui eſt ſur cette
riviere, a donné le nom de Thio-
hero au Bourg le plus proche d'O-
iogoüen. Les peuples qui compo-
ſent le corps de ces trois grands
Bourgs, ſont partie Oiogoüens,
partie Hurons, partie Andaſtogués
captifs de guerre. C'eſt là où le
Pere exerce ſon zele, & où il demande des compagnons de ſes
travaux Apoſtoliques.

Quoy qu'il ait ſuiet de ſe loüer
de la docilité desOiogouens; neantmoins il n'eſt pas ſâs avoir ſes croix.
Son hoſte, qui eſt Capitaine de ſa
nation, & qui l'a pris en ſa garde, l'a
traité mal durant long temps: car
voulant quelque Pere Miſſionnaire, qu'il ait amené luy meſme chez
luy pour les ſiens, & qu'on ne luy
puiſſe diſputer, il ſouffre avec regret que le Pere Carheil ait eſté

dóné a Oiogouen par Gara Kontié
le fameux Capitaine. Il dit hautement qu'il ne leur appartient pas,
mais à Onnontagué ou bien à On-
neiouts , où il pretend qu'il devoit
aller. D'ailleurs Garakontié vou-
droit aussi le Pere de Carheil, comme luy ayant esté mis entre les
mains à Quebec pour Onnótagué,
où il est Capitaine: mais la necessité
des choses ptesentes a obligé sur les
lieux de faire ainsi ce partage. Cette contestation de droits , & cette
emulation à qui aura des Missionnaires, marque assez qu'on doit fon-
der dessus de bonnes esperances, &
que pour establir la Foy dans ces
pays, rien ne peut manquer que des
Ouvriers Evangeliques.

Ce fameux Garakontié le plus
renommé de tous les Capitaines
Sauvages, & le plus porté de tous

pour les François, deſire tout de bon le Bapteſme: il ne prend plus le ſonge pour le maiſtre de la vie de l'homme ; & promet qu'il ne donnera point deſormais les choſes qui auront eſté ſongées, ſans faire une declaration à ceux qui les demanderont, laquelle faſſe connoiſtre, que ce n'eſt point en vertu du ſonge qu'il les leur accorde. Enfin il a obtenu ſur ſoy qu'il n'auroit plus qu'une femme: mais tout cela ayant beſoin d'eſtre bien examiné dans un Capitaine de cette reputation , on luy differe encore le Bapteſme.

Il a fait à l'hoſte du Pere de Carheil un preſent d'un collier de porcelaine pour affermir la paix, & eſtablir fortement dans leur pays nos Peres. Auſſi tout le monde continuë dans les Nations Iroquoiſes à eſtimer plus que jamais les fruits de la paix apres

avoir veû nos armes conquerantes
entrer dans les terres de leurs voi-
fins : neantmoins rien n'eft de fi ferme parmy ces Barbares qu'on ne
doive toufiours eftre fur fes gardes.

Le Pere de Carheil s'eftant apperceu que de faire faire une priere
ridicule aux Sauvages, qui prenent
quelque-chofe de creé , & de vil
pour le maiftre de leur vie, c'eftoit
une chofe qui avoit un tres-bon
effet ; en a fait prier quelques uns de
cette forte, en certaines rencontres.

Il faut prier, dit il, le maiftre de
nos vies : & puifque ce caftor eft le
maiftre de ta vie , faifons luy une
priere. Toy caftor ! qui ne parles
point tu es le maiftre de moy, qui
parle, toy qui n'as point d'efprit, tu
es le maiftre de moy qui ay de l'efprit. Vne telle priere les fait ren-

trer en eux mefmes, & auoüer qu'ils
n'ont point eu d'efprit jufques alors
de reconnoiftre ces animaux pour
les maiftres de leur vie. Ainfi il in-
troduit peu à peu la connoiffance
du vray Dieu & leur apprend fes
Commandemens, qu'ils trouvent
fort raifonnables.

Mais helas ! ces beaux çommen-
mens ont efté depuis malheureufe-
ment traverfez. Tout l'Enfer s'y eft
oppofé. Les fuperftitions y ont re-
pris une nouvelle vie, & le Pere a
connu qu'en un pays infidele & bar-
bare, un Miffionnaire doit toûjours porter fon ame entre fes
mains. Le Pere eftant allé à Tiohero & y ayant efté invité à un feftin
à tout manger, pour la guerifon
d'une malade qu'il alloit vifiter, à
deffein de la baptifer aprés l'avoir
inftruite; On luy dit voyant qu'il ne

mangeoit pas tout ce qu'on luy
avoit servi, qu'il falloit tout manger,
pour guerir la malade. Le Pere leur
repond, ie ne vois pas, mes freres,
que ie l'a puisse guerir en me faisant
mal par trop manger, & par un re-
mede que deffend le maistre de nos
vies, & qui est capable de faire deux
malades au lieu d'un ; le premier
continuant d'estre malade, & celuy
qui mange trop, le devenant. Tous
furent surpris de cette responce, la
malade sur tout approuva ce que
l'on venoit de dire, & asseura que
puisque cela n'estoit pas bien fait,
elle estoit resoluë de ne plus user de
ces sortes de remedes superstitieux,
non plus que de leurs dances qui
ne servoient qu'à rompre la teste
à vne malade. Depuis elle ne souffrit
rien où le Pere crût qu'il y eust du
mal, & estant menée aprés son

Baptesme de Tiohero à Goio-goüen, elle se confessa des pechez qu'elle pouvoit avoir commis depuis qu'elle avoit receu la grace du Baptesme : enfin elle mourut pleine d'une consolation sensible d'entendre qu'aprez sa mort, elle seroit heureuse ; mais sa mort iointe au bruit qui venoit de se repandre que le Baptesme faisoit mourir les hommes, confirma davantage cette fausseté que le Demon a persuadée à ces peuples, pour empescher leur salut.

Depuis ce temps là, le Pere nous a escrit qu'il a esté souvent rebuté, & mesme chassé des Cabanes, où il alloit visiter les malades. Mais pour bien comprendre l'estat où il se trouve presentement, & le danger de perdre la vie, où les Mission-naires sont à toute heure dans ces

pays infideles , il faut l'entendre raconter luy mefme le mauvais trai-
tement qu'il a receu principale-
ment dans vne ou deux rencontres.

Comme ie fus entré , dit-il, dans
une cabane pour y inftruire, & y
baptifer vne ieune femme, fille
d'un Huron captif, & que le temps
de la baptifer, preffoit ; elle ne m'é-
couta point, ainfi qu'elle faifoit au
commancement de fa maladie ; &
fon Pere prenant la parole, me dit,
tu parles comme parloit autrefois
le Pere de Brebeuf, dans nôtre pays;
tu enfeignes ce qu'il enfeignoit : &
cóme il faifoit mourir les hómes en
leur verfát de l'eau fur la tefte,tu veux
auffi nous faire mourir de la mefme
maniere. Ie connû bien dez lors
qu'il n'y auoir rien à efperer , & ie
vis un moment aprez entrer un Ion-
gleur de noftre propre Cabane : il

m'ayme d'ailleurs, il vient prier Dieu, & sçait mesme par cœur les prieres. Il demeura long-temps sans faire connoistre son dessein ; mais voyant que je ne me retirois point, il commença en ma presence à appliquer d'abord quelques remedes, où je ne voyois aucun mal, & puis ne voulant pas que j'assistasse à l'application qu'il feroit de ses autres remedes, il m'obligea de sortir de la Cabane.

l'eus bien de la peine à me resoudre de sortir & ne le peûs faire qu'en pleurant, & en regardant cette pauvre moribonde avec toute la compassion dót mes yeux sont capables.

Comme je vis toute la Cabane qui estoit remplie de monde, estonnée de mes larmes, & que la malade me regardoit, elle qui auparavant detournoit les yeux de dessus moy,

je leur parlay en cette sorte. Pourquoy vous estonnez vous, mes freres, de me voir ainsi pleurer? i'ayme
le salut de cette ame, & je vois qu'elle va tóber en des feux éternels, faute de vouloir écouter ma parolle. Ie
pleure son malheur, que vous ne
connoissez pas comme moy.

A pres cela je sortis dehors , &
m'en allay dans un champ proche
de là, me consoler moy mesme, en
me pleignant à Dieu, & luy deman-
dant encore le salut de cette personne ; Mais il n'estoit plus temps; car
quelques moments aprés qu'on
m'eut chassé & qu'on eut chassé, en
ma personne toute la misericorde
de Dieu, cette ame malheureuse fut
elle-meme chassée de son propre
corps par la justice divine, & ban-
nie du Ciel pour toute l'éternité.

Ie sentis tout le soir mon cœur

rēpli d'une amertume, qui m'oſtoit l'envie de dormir, & me remettant toûjours devant les yeux la perte de cette ame que j'aymois, & que je voulois ſauver ; mais qui venoit de ſe perdre, ie conceus pour lors beaucoup mieux que jamais, l'eſtrange douleur du cœur de I E S V S qui aymoit tous les hommes, & qui lesvouloit tous ſauver, mais quiconnoiſſoit neantmoins la prodigieuſe multitude de ceux qui devoient ſe damner dans la ſuitte des ſiecles. Son regret fut proportionné à la grandeur de ſon amour. Celuy que j'avois de la perte de cette ſeule ame abbatoit mon cœur. dont l'amour n'approche point de l'amour de Ieſus, & qui n'en a que quelque eſtincelle. O Dieu quel a eſté l'eſtat du cœur du Sauveur, ſe voyant rempli d'un regret univerſel

pour la perte de tous les damnez! ô
que la douleur que reſſentent les
hommes pour des pertes temporelles, eſt petite, en comparaiſon de
celle que l'on reſſent pour la perte
des ames, quand on n'ignore pas
tout à fait ce qu'elles valent. Les parolles de ſaint Paul qui décrit ſes
peines, me vinrent alors dans l'eſprit, & il me ſembloit que celles
qui exprimoient la plus grande de
ſes ſouffrances, eſtoient celles cy:
Sollicitudo Eccleſiarum, le ſoin des Egli-
ſes. Tandis que j'eſtois dans ces
penſées, je fus eſtonné, que mon
hoſte me vint trouver avec un vi-
ſage effaré, qu'il s'aprocha de moy,
& me dit à l'oreille, que i'euſſe à ne
pas ſortir le lendemain, ny meſmes
de trois jours, du coſté qu'eſt la
Cabane de cette femme, qui venoit
de mourir ce jour là meſme. Ie con-

ceu d'abord qu'ó avoit formé le deffein de me caffer la tefte: alors toute
l'amertume de mon cœur fe diffipa
& fe chágea en une extreme ioye de
me voir en danger de la mort pour
le falut des ames. Ie ne laiffay pas de
l'interroger quelle raifon me devoit obliger à ne pas aller de ce cofté là : Et bien qu'il ne vouluft pas
que ie cruffe qu'on avoit la penfée
de me tuer, il m'en dit affez pour me
le faire croire. Ie fis ce que la pru-
dence demandoit de moy, & luy
répondis que je me contenterois
durant ces trois jours d'aller faire
mes inftructions de l'autre cofté du
Bourg.

Pendant ce temps les Anciens
furent prefque toûjours au Confeil pour arrefter par prefens ce fu-
rieux qui avoit refolu ma mort ;
dont le bruit fut porté bien toft juf-

ques à Onnontagué, & mit nos Peres & toutes les nations voisines en
peine , iusques à leur faire envoyer
des Expres pour sçavoir la verité de
la chose. Cette affaire n'a pas eû plus
de suitte ; tout' est maintenant ap-
paisé , & le Pere de Carheil continuë dans ses employs ordinaires,
sans aucune crainte.

Ce premier affront qu'il receut,
ne fut qu'un essay de son courage,
& comme pour le disposer à en sou-
frit un autre que luy fit un jeune
guerrier qui le chassa de sa Cabane;
parce que le Pere ne put souffrir
qu'il luy dit qu'en faisant cuire du
blé - d'Inde sous la cendre , il alloit
faire cuire le maistre de sa vie. Ce
sont les deux seuls mauvais traite-
mens qu'on luy a fait dans le Bourg
d'Oiogouen , composé de plus de
deux mil ames , & où l'on conte
plus

plus de trois cent guerriers.

La priere ne donne pas la mefme crainte de la mort que le Baptefme. Plufieurs guerriers, & quantité de femmes viennent prier Dieu ; les enfans mefmes fçavent dé ja leurs prieres par cœur. La connoiffance des Commandemens de Dieu eft deuenuë commune dans les familles, & l'on eft fi porté à les apprendre, que l'on demande à prier Dieu en pleine ruë.

L'yvrognerie qui a penetré jufques aux Oiogouens y a fait beaucoup de degats, & a beaucoup empefché le progrez de l Evangile. Le Pere nous efcrit de là, qu'il eft conftant que plufieurs ne boivent que pour s'enyvrer, qu'ils le difent hautement, qu'ils lechantent, avant que de le faire, & qu'on les entend crier: ie vas perdre la tefte, ie vas boire de l'eau qui oste l'esprit.

Le nombre des personnes bap-
tisées est de vingt huit, dont la moitié sont dé-ja morts dans les dispositions que l'on croit suffisantes
pour aller au Ciel.

CHAPITRE V.

De la Mission de saint Michel dans le
Pays des Tjonnontoüans , ou nation
de la grande Montagne.

Tsonnontouan est de toutes
les nations Iroquoises, où
nous ayons esté, la plus éloignée de
nous, & ses habitans estans les plus
reculez à nostre égard , nous les ap-
lons Iroquois superieurs. L'on com-
te d'icy là environ cent quatre-
vingt lieuës. Ce pays est de tous celuy , qui donne de plus belles espe-

rances: ce qui a obligé Pere Iacques Fremin , Superieur de toutes les Millions Iroquoiſes, d'y aller pour y commencer une nouvelle Egliſe. Nous avons ſceû par des lettres des autres Miſſionnaires qu'eſtant parti d'Agnié le 10. du mois d'Octobre 1668. il viſita en paſſant les autres Miſſions, & arriva le premier jour de Novembre à Sonnontouan; & qu'il y fut receu auec tous les honneurs que ces peuples rendent aux Ambaſſadeurs extraordinaires. Nous avons auſſi appris que les Capitaines luy ont baſti une Chapelle, & qu'il ne s'y trouve perſonne qui ne faſſe paroiſtre de l'inclination pour le Chriſtianiſme. Mais on adjoute que les anciens Hurons captifs, ont entre tous les autres, une affection particuliere pour la Foy, De plus l'on a écrit qu'il a baptiſé

dans l'espace de quatre mois soixante personnes moribondes,
dont trente trois font comme l'on
croit allez dans le Ciel, par une
fainte mort; mais que le cours de
ces heureux fuccez a efté bien-toft
arrefté. Les Iongleurs ont faiten forte que fort peu de gens vont prier
Dieu, fans parler de la guerre qui fe
prepare contre les Outaouacs Al-
gonquins, laquelle brouillera beaucoup les affaires, & retardera infal-
liblement les progrez de la Foy parmy ces peuples. Neantmoins l'on
a fceû que les plus confiderables du
pays ont arrefté à la follicitation du
Pere trois partis de leurs guerriers
qui fe difpofoient à aller en guerre.
Trois prifonniers que le Pere
Aloez a amené icy avec luy cette
année, & qu'il a rendus aux Iroquois
de la part de Monfieur de Courcel-

le noſtre Gouverneur, affermiront
ſans doute la paix qui a eſté faite
entre les Iroquois & les Outaouacs,
ſur tout dans un temps , où ceux là
ont la nation des Loups & des Andaſtogués ſur les bras, & qu'ils craignent plus que iamais les armes de
la France.

Ce ſont à peu prés les choſes que
nous avons appriſes cette année de
cette Miſſion, n'ayant receu aucune
lettre du Pere Fremin. Vn François
revenu de puis peu de ce pays là ,
nous a aſſeuré que le Pere s'eſtoit
mïs en chemin pour venir à Quebec avec les Ambaſſadeurs de Sonnontouan , ſans qu'il ait bien pû
ſçauoir la cauſe de leur Ambaſſa-
de. On croit que ces Ambaſſadeurs viennent pour confirmer la
paix & demander la protection de
Monſieur noſtre Gouvernenr, qui

est maintenant devenu par son courage, & par sa bonne conduitte, l'arbitre general, & le maistre de tous les differents, & de toutes les guerres de ces Sauvages.

CHAPITRE VI.

De la Mission de la Pointe du saint Esprit dans le pays des Algonquins Outaouacs.

LA Mission des Outaouacs est maintenant une des plus belles de la nouvelle France. Le manquement de toutes choses, le genie brutal de ces Sauvages, l'éloignement de trois ou quatre cents lieuës, le nombre des peuples, & la promesse qu'vne nation toute entiere vient de faire au Pere Aloez en

fuitte d'un confeil general, d'embraffer la Foy Chreftienne , font
toutes chofes, qui font fouhaiter
cette Miffion avec un zele tres-ar-
dent à tous nos Miffionnaires.

Le Pere Aloez eftant defcendu
cette année à Quebec pour mettre
entre les mains de Monfieur de
Courcelle, les Captifs Iroquois qu'il
avoit rachetez de fa part, des Outaouacs, & pour demander quelques fecours de nos Peres, le fort
eft heureufement tombé fur le
le Pere Claude Dablon , qui a
efté envoyé pour eftre Superieur
de ces Miffions d'enhaut , nonob-
ftant les grands fruits qu'il faifoit
icy, & la neceffité preffente qu'on y
avoit de fa perfonne.

Le premier lieu que l'on rencontre de ces nations fuperieures , qui
font prefque toutes Algonquines,
F iiij

est le Sault éloigné de Quebec de plus de deux cent lieuës. C'est là où les Missionnaires se sont postez, comme à l'endroit le plus commode pour leurs employs Apostoliques; les autres peuples ayans accoustumé de se rendre là depuis quelques années, pour descendre en traite à Mont-real ou à Quebec. L'on s'est mis aux pieds du rapide de la Riviere du costé du Midy, environ soûs le 46. degré d'Elevation du Pole, & il s'enfaut bien que le froid ne soit là aussi grand qu'il est icy ; quoy que nous soyons presque dans la mesme élevation du Pole.

Vn autre lieu éloigné du Sault de cent cinquante lieuës , qu'on a choisi particulierement pour y prescher l'Evangile, s'appelle la Pointe du saint Esprit. L'occasion

de cet establissement a esté la guerre des Iroquois, laquelle avoit
chassé de leur pays, la plus part des
Sauvages d'enhaut, qu'elle avoit ra-
massez en ce lieu là. Le Pere Aloez
ayant trouvé dans un mesme Bourg
ce grand nombre de nations, s'est
heureusement servi de cette fuite,
qui avoit reuni tant de monde, &
qui luy avoit esté mesnagée par la
divine Providence, pour annoncer
nos Mysteres à cette multitude de
peuples, & justifier ainsi la Divine
Iustice, n'y ayant lieu si reculé dans
ce Nouveau - monde, où ce Pere
n'ayt tasché de faire entendre l'E-
vangile.

Dieu a trouvé de ses Eleus en
chaque nation, pendant le temps
que la crainte des Iroquois les a te-
nus assemblez. Mais enfin le danger estant passé, chaque peuple s'est

retiré en son pays. Les uns sont retournez à la Baye des Puants , les autres sont allez au Sault , où les Missionnaires ont resolu de faire desormais leur principale demeure: le reste est demeuré à la Pointe du S. Esprit. On a dessein de bastir trois Eglises dans ces trois principaux endroits de cette extremité du monde. Il y en a déja deux de faites , l'une à la Pointe du S. Esprit, & l'autre au Sault ; le Pere Aloez se prepare à son retour de Quebec, pour aller à la Baye des Puants , y establir la troisiéme Eglise.

Iamais l'Evangile n'eut en ce pays une plus belle ouverture, & l'on ne peut manquer à present de ce costé là que d'Ouvriers : car la moisson est aussi abondante qu'elle puisse estre. L'Iroquois à qui on a rendu trois de ses captifs, & à qui l'on doit encore rendre les autres , fera ravi de continuer la paix avec les Outa-ouacs, ayant fur les bras la guerre de la nation des Loups , & des Anda-ftogués. L'on nous écrit mefme de Mont-real que les Onnontague-ronnons iront le printemps pro-chain au Sault en Ambaffade pour confirmer la paix par des prefents; tant s'en faut qu'il y ait de guerre à craindre : ainfi les chemins feront libres au commerce des François & ouvers aux Ouvriers de l'Evangile. Neantmoins l'efprit de ces peuples eftant fort changeant, il nous laif-fe toufiours quelque fujet de crain-dre que la paix ne foit pas de fi lon-gue durée.

Comme la Pointe du faint Ef-prit a efté iufquesà maintenant le fieges de toutes ces Miffions fupe-rieures , ie vay commancer à decla-

rer les progrez de l'Evangile, & l'e-
ftabliffement du Royaume de Dieu
en ce lieu là : mais il faut en mefmo
temps ne pas obmettre les grands
obftacles que l'on y trouve.

La diffimulation qui eft naturelle à ces Sauvages, & une certaine condefcendance dans laquelle
on éleve en ce pays là les enfans,
leur fait approuver tout ce que l'on
dit, & les empefche de témoigner
jamais rien de contraire aux fenti-
mens d'autruy, quand mefme ils
fçauroient que ce qu'on leur dit,
n'eft pas veritable. Il faut ioindre à
cette diffimulation, l'opiniatreté, &
l'obftination à fuiure entierement
leurs penfées, & leurs defirs : ce qui
a obligé nos Peres à ne pas recevoir fi aifement au Baptefme les
adultes, qui d'ailleurs font éleuez
dás l'idolatrie & dans le libertinage.

Mais enfin Dieu m'a fait connoiſtre aprés pluſieurs épreuves,
dit le Pere Aloez dans ſon Iournal,
& dans une de ſes lettres écrite du
Sault le 6. de Iuin 1669. qu'il plaiſoit
à ſa Divine Majeſté de faire miſericorde à une nation particuliere,
qui veut toute entiere embraſſer la
Foy Chreſtienne. Elle eſt une des
plus nombreuſes, elle eſt paiſible,
& ennemye de la guerre, & s'appelle Queuës coupées; mais elle eſt
d'ailleurs ſi portée à railler qu'elle
avoit-juſques à cette heure fait de
noſtre Foy, un jeu d'enfans. Ce peuple a eu la premiere connoiſſance
de l'Evangile dans le grand Lac
Huron ſon vray pays, du temps que
nos Peres y eſtoient; & fut apres
inſtruite au lieu où elle eſt maintenant, par le feu Pere Menard Enfin pendant les deux ou trois ans,

que le Pere Aloez a demeuré avec
eux, on a toufiours continué à les
inftruire, fans qu'ils ayent embraffé
la Foy, jufques à l'Efté dernier, que
les Anciens ont harangué en fa faveur dans leurs Cabanes, dans leurs
Confeils, & dans leurs feftins.

C'eft ce qui m'a obligé, dit le
Pere Aloez, de paffer l'Hyver avec
eux à la Pointe du faint Efprit pour
les inftruire. Du commancement
ayant efté appellé à un de leurs
Confeils, ie leur fis fçavoir les nouvelles que deux François venoient
de m'aporter, & leur dis qu'enfin je
me voyois obligé de les quitter,
pour aller au Sault, parce que depuis trois ans que j'eftois avec eux,
ils ne vouloient pas embraffer noftre fainte Foy, n'y ayant que des
enfans & quelques femmes qui
priaffent Dieu. Ie leur adjouftay

que j'abandonnois à l'heure mesme
ce lieu, & que j'allois secouer la poussiere de mes souliers, je les de chaus-
say en effet, & en secoüay la poussiere en leur presence, pour marque que je les quittois tout à fait, ne
voulant rien emporter d'eux avec
moy, non pas mesme la poussiere
qui s'attache aux souliers. Ie leur
fis sçavoir que les Sauvages du Sault
m'avoient appellé, souhaitans d'e-
stre Chrestiens, & que je les allois
trouver pour les instruire: Que si
dans quelques années ils ne se faisoient pas Chrestiens, je ferois la
mesme chose à ceux du Sault que
je leur faisois alors.

Pendant tout ce discours, je li-
sois sur leur visage la peur que je
leur avois causée dans le cœur, & les
laissant deliberer, ie me retiray sur
l'heure dans la resolution de m'en

aller au Sault. Mais un accident m'ayant retenu par une providence ſpeciale de Dieu, je fus bien-toſt le teſmoin de leur changement que l'on ne peut attribuer qu'à un coup extraordinaire de la grace. Ils ont d'un commun conſentement exterminé entierement la Polygamie. Ils ont aboli les ſacrifices qu'ils avoient accouſtumé de faire à leurs genies. Ils ont refuſé de ſe trouver à toutes les ſuperſtitions qui ſe font par les autres nations voiſines : en un mot ils ont teſmoigné vne ferveur ſemblable à celle des Chreſtiens de la primitive Egliſe , & une tres-grande aſſiduité à tous les devoirs des veritables Fideles. Tous ſe ſont venus rendre auprez de la Chapelle, afin de faciliter pendant l'Hyver à leurs femmes & à leurs enfans, les inſtructions qu'on leur donne;

&

& ne pas perdre un jour sans venir prier Dieu dans l'Eglise.

Voilà en general quel est l'estat de la Mission de la Pointe du saint Esprit, ie vas rapporter maintenant en particulier quelques conversions les plus remarquables. Vn vieillard qui mourut le jour de Noel apres s'estre disposé à la mort, en va faire l'ouverture.

Les Sauvages ont dit au Pere Aloez qu'aprés son Baptesme il avoit eu une vision de deux chemins, dont l'un conduisoit en haut, & l'autre en bas ; & qu'il avoit pris celuy d'enhaut, ainsi qu'il l'avoit raporté luy mesme ; mais qu'il avoit eu grande peine à le suivre ; car il estoit fort estroit & dificile. Ils ont adjousté qu'il avoit veu le chemin d'enbas comme fort large & battu tel que l'est celuy qui coduit d'un Bourg

G

à autre. Ie ne puis paſſer ſous ſilen-
ce le Bapteſme du premier adulte
de cette nation. Comme il a eſté
leur Capitaine, & homme d'un
eſprit bien fait & propre pour le
Chriſtianiſme ; il a eſté le premier
qui a harangué en faveur de la Religion Chreſtienne, & qui a dit publiquement que les myſteres qu'on
leur prechoit eſtoient veritables, &
que pour luy il eſtoit reſolu d'obeir
au Pere. Il s'appelloit Kekakoung.
Cette ſainte liberté à parler pour la
Foy a comme donné le branle à
touts les eſprits & les a portés à ſe
ſoumettre à l'Evangile.

Vn homme âgé de ſoixante ans
n'a pas eu beaucoup de peine à ſe faire Chreſtien ; il a aſſeuré le Pere
Aloez, que durant toute ſa vie il
auoit reconnû un grand Genie, qui
renfermoit en ſoy le Ciel & la Terre;

qu'il l'avoit toûjours invoqué dans
ses sacrifices, & qu'il en avoit receu
du secours dans ses necessitez pres-
sentes. On luy a donné le nom de
Ioseph à son Baptesme.

L'exemple d'un autre vieillard
confirme la mesme chose. Il raconte avec de grands sentiments
de reconnoissance envers ce sou-
verain Genie qui l'a conservé, que
lors qu'ils quitterent leur pays, ils
furent obligez de s'enfuir sur les
glaces du grand Lac des Hurons
pour éviter les Iroquois, & la fa-
mine qui les poursuivoit par tout.
Ils n'avoient nulles provisions, &
ne faisoient subsister leurs familles,
que du poisson qu'ils dardoient
chaque jour sous les glaces. Or il
arriva que soixante de leurs homme estans allez au large, y chercher
leur vie, y furent emportez par un

grand banc de glace, lequel fut de-
taché par l'impetuofité du vent.
Plus de la moitié moururent ou de
froid ou de faim. Ce vieillard fut
confervé fur cette glace flotante durant l'efpace de trente jours, & vint
enfin aborder à une autre glace, &
de la à terre ne pouvant affez rendre graces à ce Genie plus puiffant que la faim, que le froid, que
les glaces, que les vents & les tem-
peftes auquel il avoit adreffé fa
priere.

Comme il entendit la premiere
fois parler de Dieu, il reconnut d'a-
bord que c'eftoit ce puiffant Genie
qui l'avoit confervé, & il refolut des
lors de luy obeir en toutes chofes.

Enfin le Pere Aloez marque dans
fon Iournal d'un autre homme de
mefme âge, qu'il ne pouvoit affez
s'eftonner qu'il eut vefcu fi lon-

temps fans la connoiffance du vray
Dieu ; & qu'il luy avoit fouvent dit
pendant fon inftruction: Eft-il poffible, que nous autres vieillards,
qui avons un peu d'efprit, ayons
efté fi long-temps aveugles, & que
nous ayons pris pour des divinitez,
des chofes qui fervent tous les jours
à nos ufages? Cent perfonnes de
cette nation, partie adultes, partie
Enfans ont dé-ja receu le Baptefme.
Pour les Hurons, qui fe font refu-
giez en ce pays là ; trente-huit ont
efté baptifez. L'on conte encore,
dans les autres nations, plus de cent
perfonnes à qui on a donné le Baptefme.

Vne fille agée de quarante quatre ans ayant montré de la conftance, & une affection finguliere envers noftre fainte Foy, a efté enfin
baptifée. Les occafions continuel-

les où elle eſtoit, & les perſecutions
qu'elle ſoufroit à cauſe de ſa beauté,
faiſoient craindre au commencement de luy donner le Bapteſme:
Mais ſa generoſité l'a emporté, &
elle dit hautement qu'elle ne ſe ma-
riera jamais.

Elle a eſté confirmée dans cette
reſolution par les choſes qu'elle
avoit une fois oüy dire au Pere
Aloez touchant la Virginité de la
ſainte Vierge, & de la chaſteté que
voüent les filles Religieuſes, & s'eſt
retirée en ſon pays dans cette ſainte penſée où elle aura le Saint Eſprit
pour ſeul directeur, iuſques à ce
qu'il plaiſe à Dieu d'y envoyer quelque Miſſionnaire.

Le Pere Marquette nous écrit
du Sault, que la moiſſon y eſt fort
abondante, & qu'il ne tient qu'aux
Miſſionnaires de baptiſer tous ceux

qui font là au nombre de deux mille; mais l'on n'a pas ofé jufques à cette heure fe fier à ces efprits qui font
trop condefcendans de peur qu'ils
ne continuent apres leur Baptefme
dans leurs fuperftitiós ordinaires. On
s'applique fur tout à les inftruire, &
à baptifer les moribonds, qui font
une moiffon plus affeurée.

Chapitre VII.

De la Miffion de fainte Croix dans le Pays des Montagnais à Tadouffac.

LE Pere Henry Nouvel l'avoit iufques icy cultivée pendant quelques années ; mais le Pere de Beaulieu ayant acquis en fort peu temps affez de connoiffance de la langue Montaignaife pour faire

toutes ſes fonctions Apoſtoliques,
il luy en a entierement laiſſé la
charge. Cette facilité à entendre &
à parler la langue de ces Sauvages
d'enbas, a paru ſi extraordinaire aux
Capitaines de cette nation qu'ils
luy ont donné de concert, dans vn
feſtin public le nom de celuy , qui
entend, & parle leur langue. Cóme
ce ſont des peuples errants, accou-
ſtumez à viure de leur chaſſe, le
Pere a eſté obligé de les ſuiure par
toutes les foreſts , pour entretenir
cette Nouvelle Egliſe dans la ferveur où le Pere Nouvel l'avoit laiſ-
ſée. Il ne ſe peut faire qu'on ne ſou-
fre beaucoup plus dans ces ſortes
de Miſſions errantes , que dans les
ſedentaires. Apres cinq ou ſix ſe-
maines qu'il a eſté obligé de cou-
cher ſur les neiges il a eſté atta-
qué d'un flux de ſang dont il eſt

malade dé-ja depuis huit mois, &
qui a épuiſé la meilleure partie
de ſes forces. Il n'attend neantmoins que le reſtabliſſement de ſa
ſanté pour ſe donner encore tout
à ſes Sauvages, qui luy rendirent
toute ſorte de ſervices durant ſa
maladie, & qui ſe voyants aymez
de luy, le deſirent avec une paſſion
incroyable.

Durant le temps qu'il ſe porta
bien, il ſe donna tout à l'inſtru-
ction de ces Barbares ; il les diſ-
poſa ſur tout à vne Communion
generale par un jeûne ſolemnel, &
par une Confeſſion exacte de leurs
pechez. Et une Chapelle ayant eſté
dreſſée dans ces vaſtes foreſts, la
celebrité y fut ſi ſainte que depuis
long-temps l'on n'avoit veu une
ſemblable ferveur dans des Sau-
uages.

Tandis que le Pere de Beaulieu eſtoit dans la Miſſion de l'Ance de l'Aſſomption, bien avant dans le Saguenay, le Pere Nouvel eſtant deſtiné pour aller donner quelque ſecours aux Sauvages de Gaſpé, eloignez de Quebec de ſix vint-lieues, dont la pluſpart entendent la langue Montagnaiſe, ſe prepa-roit à les aller trouver du coſté du Sud ; mais ayant eſté droit à Ta-douſſac qui eſt du coſté du Nord, il recontra heureuſement les Guaſ-peſiens, qui ſont maintenant ſans paſteur ; mais qui retiennent encore les bonnes impreſſions que les Miſ-ſionaires leur ont autrefois données. Tous ſe confeſſerent au nombre de ſoixante, & Communierent avec beaucoup de devotion. Vne fem-me de cette nation bien inſtruite dans nos Myſteres les faiſoit prier

Dieu tous les matins, & tous les soirs ; & comme elle chantoit fort bien, elle leur entonnoit des Cantiques spiritnels. Ainsi Dieu a soin de conserver ses enfans qni ont receu le Baptesme. Et pour avoir esté privéssi long-temps d'Ouvriers Evangeliques, ils n'ont pas perdu la Foy qui leur est maintenant aussi chere que jamais.

Mais comme le lieu de leur chasse les faisoit aller du costé, où estoit le Pere de Beaulieu, le Pere Nouvel jugea plus à propos de les laisser à sa conduite & de retourner à Tadoussac, aprés s'estre dé-ja avancé environ douze lieues dans le Saguenay, pour assister dans les choses de pieté, les François qui passent là l'Hyver pour le commerce. Et ainsi les Sauvages, & les François ont pû estre également

secourus par les soins infatigables
de ces deux Miſſionnaires.

Il faut joindre à la Miſſion de Ta-
douſſac, celle des Papinachois,
comme l'une de ſes dependances.
Ces peuples ſont toûjours errants
dans les foreſts, & ſe rendent chaque année dans vn lieu, ſur le grand
fleuve de ſaint Laurens, pour leur
commerce à cinquante lieuës plus
ou moins, au deſſous de Tadouſ-
ſac du coſté du Nord.

Quantité de gens de cette nation,
qui parlent tous Montagnais, ayant
eſté autrefois inſtruits & baptiſez
par nos Peres, retiennent encore les
principes de l'Evangile; mais eſtant
impoſſible de les aſſembler pour
continuer à les inſtruire, il y en a
peu qui n'ayent quelques ſuperſtitions. Neantmoins on taſche dans
leurs aſſemblées generales de faire

ce que l'on peut pour les éclairer de la lumiere de noftre fainte Foy. Les Sauvages Chreftiens y apportent leurs enfans pour les faire baptifer par les Miffionnaires, ou en leur abfence, par des François bien inftruits qui y vont en traite.

Vingt enfans & quinze adultes y ont efté baptifez cette année. Deux cent cinquante & fix perfonnes outres les Sauvages de Sillery, & de Tadouffac qui eftoient defcendus aux Papinachois pour leur traite, y ont receu tout le fecours poffible avec un tres notable profit de leurs ames.

Monfeigneur de Petrée noftre Prelat eftoit fur le point d'aller voir cette nouvelle Eglife, apres fa vifite de Mont-real, & de tout le refte du pays, à deffein de conferer à ces nouveaux Chreftiens, le Sacrement

de la Confirmation , & d'avoir le
contentement de visiter cette Eglise naissante que l'on peut appeller
la fille de ses soins, de ses prieres, &
de ses larmes : Mais il a esté obligé
de remetrre ce voyage à l'année
prochaine, n'estant pas asseuré s'il
y auroit cette année une assemblée
generale des Papinachois , aux
lieux ordinaires.

Vous demanderez, comment il est
possible que le Christianisme puisse
subsister dans les forests, parmi des
peuples errants qui se voyent obligez, pour ne pas mourir de faim, de
se separer , en petites bandes , & de
se faire des Cabanes fort esloignées
les unes des autres, durant le peu de
temps, qu'ils sejournent en quelque
lieu. C'est en cela mesme, que pa-
roist admirablement la Divine providence, & le soin qu'elle, a de ses

Eleus. Les Sauvages qui habitent
bien avant dans les terres, du costé
du Nord, & qui ont eu la connoiffance de Dieu, & de fon Evangile,
par le miniftere de nos Peres, ont
eux mefmes le foin de communi-
quer aux autres Sauvages de leur
nation, cette connoiffance qu'ils
ont receuë, & deviennent ainfi eux
mefmes des Apoftres. On peut dire que ce font des ames choifies
pour le Ciel d'une façon particuliere. Ils ayment la priere : & ceux
mefme qui font encore infideles,
ne laiffent pas de venir prefenter
leurs enfans au Baptefme, & quand
quelque adulte Papinachois a efté
baptifé, il eft affez rare qu'il tombe dans l'Apoftafie. L'exemple d'un
Chreftien dans ces forefts incultes
eft admirable.

Ce Sauvage, que le Pere Gabriel

Drouilletes avoit autresfois baptisé
à Chikotimi, à trente lieuës de Tadouffac, le long du Saguenay, l'année du grand tremblement de terre, a infiniment confolé le Pere
Nouvel dans fa derniere Miffion
des Papinachois. Comme je luy fai-
fois rendre conte de l'eftat de fon
ame & de fa Foy, dit ce Pere dans
une de fes lettres, il me refpondit
ainfi. Ie n'ay veu qu'une feule fois
les François depuis mon Baptefme
& aprés avoir efté inftruit & baptifé par le Pere Drouilletes, je me fuis
abftenu depuis de recourir au Demon ; i'ay toufiours fait la priere
qu'il m'enfeigna, & ie conte le ma-
tin avec mes doigts les dix fois que
je dis : Vous qui avez tout fait, ayez
pitié de moy ; & le foir je repete
cinq fois la mefme priere.

L'on peut dire en general, que
cette

cette nation qui prend son nom de
son sousrire presque continuel, est
une des plus flexibles,&qu'elle donne aujourd'huy plusque jamais de
belles esperances du costé duNord,
tandis que les autres Missionnaires travaillent infatigablement
dans le pays des Iroquois d'enhaut, & d'enbas , & parmi les
peuples les plus eloignez vers le
Midi & l'Occident.

Aprés que le Pere Nouvel fut
retourné de sa Mission des Papinachois,l'on prit enfin la resolution
de remplir la place du fameux Capitaine Noel Tekoüerimat qu'on
auoit laissé par l'honneur qu'on ren-
doit à sa vertu , & à son courage,
sans successeur depuis plusieurs années, selon la coutume des Sauvages.

Les parents du defunct , à qui il

appartient de nommer celuy qui doit succeder au mort, jetterent les yeux sur Negaskaoüat Capitaine de guerre de Tadoussac : ils le presenterent à toutes les Nations assemblées à ce dessein à Sillery. C'est la que l'on cré le premier Capitaine, & où il a coustume de resider. Cependant l'on avoit preparé un grand festin pour regaler toutes ces Nations au despens des parents qui devoient adopter Negaskaoüat, & luy donner le nom de Tekoüerimat avec sa charge; ce qui s'appelle parmi eux ressusciter un Capitaine.

Pour commencer la ceremonie, on déchaussa le nouveau Capitaine, & on luy osta ses anciens habits, ensuitte les parents luy en donnerent de nouveaux. Mais il y eut icy quelque chose de changé

des folemnitez ordinaires , car le
nouveau Teycorimat fut entierement habillé à la Françoiſe, & au
lieu du tour de teſte, que la femme du deffunt avoit accouſtumé
de mettre ſur la teſte de celuy qui
reſſuſcite ſon feu Mary, la femme
de l'ancien Teykorimat mit ſur la
teſte de Negaskaoüat un chapeau
orné d'un fort'beau tour de plumes.
L'affection que l'ancien & le nouveau Teykorimat ont touſiours te-
moignée aux François, a eſté l'une
des cauſes du changement de cette
ceremonie.

Le feſtin eſtant preparé, on fit
les harangues ordinaires, avec les
preſents qui les accompagnent.
Le Pere Nouvel fit l'ouverture, où
il repreſenta trois choſes au nou-
neau Capitaine. Premierement il
l'exhorta à la meſme pieté que ſon

Predeceſſeur avoit touſiours fait paroiſtre. Secondement il le porta à continuer d'avoir pour les Fran-çois la meſme affection que ſon Pere qu'il reſſuſcitoit, autant par ſes exemples, que par ſon nom de Teykorimat. En troiſiéme lieu, il luy remontra l'obligation qu'il avoit de maintenir les ſiens dans la Foy & dans l'obeiſſance, qu'ils doivent à noſtre invincible Monarque.

Aprés la harangue, les parens de l'ancien Capitaine firent les preſents ſelon la couſtume à toutes les Nations preſentes. Là ſe trouverent les François, les Algonguins, les Montagnais, les Gaſpeſiens, les Abnaquiois, les Etechemins, les Poiſſons blancs, les Nipiſſiriniens & les Hurons. Le premier preſent fut pour Monſieur de Courcelle,

noſtre Gouverneur, & il fut mis
entre les mains du Pere de Beaulieu pour luy eſtre preſenté au premier jour. Le ſecond ſe fit au Pere
Charles Albanel, ancien Miſſionnaire, qui avoit le ſoin de la Miſſion de Sillery, laquelle eſt la premiere & la principale de toutes.
L'on vint enſuite à faire à chacque
Nation un preſent pour les faire reſ-
ſouvenir que celuy qui s'appelloit
autresfois Negaſkaoüat s'appelle
maintenant Teykorimat.

Les preſents de Colliers de Porcelaine eſtant faits, le Pere Albanel harangua à ſon tour, & ſe con-
joüit avec le nouveau Capitaine,
d'avoir en ſa perſonne un autre
Teykorimat, avec ſes vertus, &
ſon affection pour les François:
puis ſe tournant vers toutes les Na-

tions qni estoient presentes, il les exhorta à aymer la Foy que tous avoient embrassée & à fuir le vice, qui les feroit infailliblement perir, s'ils n'y renonçoient. La ceremonie du jour finit par le festin.

Le lendemain tous les Capitaines Sauvages ayant à leur teste Teykorimat habillé à la Françoise, la cane à la main, allerent saluer Monsieur de Courcelle nostre Gouverneur, & le reconnoistre. Il luy demanderent la protection du Roy, dont ils sont les subjets, & son assistance particuliere pour empescher parmi eux les desordres des vices; puis tous tous se retirerent.

CHAPITRE VIII.

De la Mission Huronne de l'Annon-
ciation de noſtre Dame, aupres
de la ville de Quebec.

LA Miſſion des Hurons eſt maintenant reduite à un petit nombre de perſonnes, mais ce ſont gens choiſis qui ayment la la Religion Chreſtienne, & qui peuvent ſervir d'exemple à tous les autres. Depuis qu'ils ont veu la paix affermie avec les Iroquois leurs ennemis, ils ont abandonné le fort qu'ils avoient dans une grande place de Quebec, & ſe ſont retirez dans les bois à une lieuë, & demie de cette ville, pour y cultiver des champs qui leur puiſſent fournir de quoy viure, & ils y ont fait un Bourg nouveau, & comme une nouvelle Colonie.

Cette Miſſion Huronne a eſté ſur tout feconde ces deux années en morts illuſtres. Vne jeune fille de cette nation, nommée Ieanne Oüendité mourut l'année paſſée le 14. iour d'Avril, agée de quatorze ans. Sa vertu avoit paru durant ſa vie au deſſus de ce que l'on pouvoit attendre d'une fille de ſon age; mais elle ſemble s'eſtre plus manifeſtée aprés ſa mort, par l'incorruption de ſon corps; ce qui peut paſſer pour une recompenſe de la grande averſion qu'elle avoit de l'impureté & d'une certaine horreur qu'elle reſſentoit, en la preſence des perſonnes impudiques.

La mort precieuſe de ſon petit frere nommé Auguſtin qui la ſuivit neuf mois aprés, & qui fut mis dans un mesme sepulcre à Quebec, où l'un & l'autre sont morts, a donné occasion de trouver ce Thresor caché de l'innocence mesme. Mais puisque le frere & la sœur se trouvent ensemble, je n'en separeray pas l'histoire.

Cet enfant agé seulement de cinq ans, appellé Andehoüakiri estoit tres bien-fait, & avoit de l'esprit, & du jugement beaucoup au dessus de son age ; jamais il ne voyoit les Peres Missionnaires qui passoient devant sa cabane, qu'il ne les obligeast d'entrer dedans : & ayant remarqué que lors qu'ils y entroient, ils faisoient prier Dieu tout le monde, il les imitoit, faisant à leur exemple sa visite, il demandoit si l'on avoit ce jour là prié Dieu ; que si l'on repondoit qu'on ne l'avoit pas encore fait, il difoit; prions Dieu, & alors il commençoit le premier à faire les prieres, & aprés les avoir recitées, il interrogeoit du Cathechifme ceux qu'il jugeoit qui luy devoient refpondre.

Neuf mois aprés la mort de fa fœur, il tombe malade, & de là à peu de jours il dit en pleurant à fa mere que fa fœur le venoit querir: mais qu'il apprehendoit la mort. Cette crainte luy fut d'abord oftée par l'affeurance qu'on luy donna qu'il iroit bien-toft trouver fa fœur dans le Paradis; & il confola toûjours depuis fa mere en luy difant; Ie vous prie ma mere de ne pas pleurer. Ces paroles ont eu un effet extraordinaire fur l'ame de cette mere fauvage; car elle ne le pleura pas mefme le jour de fa mort.

Ce fut le neufiefme jour de De-
cembre 1668. qu'on enterra cet en_
fant dans la mefme foffe que fa
foeur, dont le corps fut trouvé en_
tier neuf mois aprés fon enterre-
ment fans qu'il luy manquaft mefmes un cheveu de la tefte, & la chofe a efté fi bien verifiée qu'on ne
peut raifonnablement en douter.
Ie ne veux pas neanmoins la
donner, comme un miracle, j'en
laiffe le jugement à ceux qui en con-
fidereront les circouftances. La
grande pureté de cette fille & l'affe_
ction extraordinaire qu'elle a eu
pour fa virginité pourroit bien
avoir donné à Dieu occafion de
faire cette merveille.

Vne femme Huronne, nommée
Helene, eftant interrogée fur l'incorruption de ce corps, n'y trouva
rien d'extraordinaire, & penfa que

ce fuſt choſe, qui euſt accouſtumé
d'arriver toûjours ainſi aux perſonnes vierges, ſur ce qu'elle avoit en-
tendu dire au Pere qui les inſtruit,
que Dieu preſervoit ſouvent de la
corruption les corps de ceux qui
avoient conſervé leurs ames dans
la netteté, & les avoient exemptées
des ſoüillures de la chair: ce qui luy
fit eſtendre à toutes les Vierges, la
faveur qu'elle avoit oüî raconter
de ſainte Thereſe, de ſainteClaire,
de ſainte Magdelaine de Pazzi, &
de quelques autres Vierges.

Le Frere, & la Sœur doivent cette mort aux bons exemples, & aux
ſaintes inſtructions de leur mere,
Cette femme eſt ſi touchée de l'eſprit de penitence qu'elle offre continuellement à Dieu la mort de ſes
enfans,en ſatisfaction de ſes pechez,
&cherchant divers moyens de ſatis-

faire à la Iustice divine, elle se re-
jouit de tout le mal qui luy arrive,
& elle a accoustumé de dire au temps
de son affliction ; voilà qui va bien
cela m'aidera à payer mes debtes:
qui est leur façon de parler Huronne pour exprimer le plaisir qu'ils
ont à une chose. Elle joint à cet
esprit de penitence celuy du plus
parfait detachement des choses de
la terre, & elle desire se trouver le
jour de sa mort dans un entier dé-
poüillement de tout, de peur que
le soin qu'il luy faudroit prendre
alors de partager ses biens, ne luy
derobast le temps qu'elle devroit
employer à se preparer à la mort.
Sa charité envers les pauvres n'est
pas moins à estimer. Car elle les
assiste de son bled, & de tout ce
qu'elle a, sans en vouloir de recom-
pense : ce qui est beau ; mais rare

dans les Sauvages. Enfin elle a une sainte passion de s'advancer dans la voye de la vertu ; & jamais elle n'entend d'exhortation qu'elle ne fasse sur le champ un bon propos de se porter à une plus haute per-fection, pensant toûjours n'avoir rien fait iusques à cette heure. Son grand plaisir est de s'entretenir de Dieu, & apres les Sermons qu'elle a entendus, elle vient souvent re-mercier le Pere d'avoir dit des cho-ses qui luy semblent s'adresser uniquement à elle. O que vous me faites de plaisir ; mon Pere! dit elle, de me faire paroistre à moy mesme telle que je suis, & que i'ay esté.

Il ne faut pas s'imaginer que toute la devotion soit renfermée dans cette seule ame : Ie sçay bien qu'elle est un grand thresor dans un pays infidelle, & qu'elle peut

attirer fur ceux de fa Nation les
graces que Dieu verfe fur eux:
neantmoins cet efprit de ferveur
s'eftend prefques univerfellement
à tous les Hurons de cette nouvelle Colonie. En voicy une marque
particuliere.

Ignace leur Capitaine ayant veu
que les François offroient dans
leur nouvelle Chapelle un pain-be-
ny tous les Dimanches, & les Fe-
ftes, la penfée luy vint incontinent
que les Hurons manquoient en ce
point au devoir des bons Chreftiens; & tenant d'une main un collier de porcelaine, il appella les
Anciens au Confeil, & les harangua en cette forte. Mes freres ie me
fuis auiourd'huy apperceu que les
François nous furpaffent en devotion : i'ay eu honte de voir qu'ils
font des offrandes à Dieu, & que

nous n'ayons encore rien fait de
semblable : C'eſt pourquoy je vous
prie de vouloir imiter à l'avenir l'e-
xemple desFrançois,en faiſant quelque preſent àl'Egliſe. Pour moy,ie
vay commencer le premier en faiſant mon offrande de ce Collier,
cependant que chacun de vous
voye en particulier le preſent qu'il
veut faire. Enverité nous n'avons
point d'eſprit, reſpondirent tous
ceux de l'Aſſemblée, & ſans voſtre
reflection nous n'aurions pas meſme pris garde à cette ſainte couſtume. Il fut reſolu que quand la
ieuneſſe ſeroit revenuë de la chaſſe,
tous contribueroient ſelon leur
pouvoir,à cette œuvre de pieté.

Le Pere qui a ſoin de cette Egliſe Huronne depuis long-temps, eſt
celuy qui les entretient dans cette
ſainte ſimplicité,& dans cette ferveur

veur admirable. Il a mis en sa place un nommé Louys Thaondecho-
ren pour faire les prieres dans le
Bourg en son absence. Il n'est pas
croyable combien cet homme est
zelé pour toutes les choses de la pieté, & avec quelle vigiláce, il se porte
à empescher tous les excez, afin de
conserver les gens dans l'innocence. Il harangue dans la Chapelle des
Hurons & leur fait des discours qui
ne tiennent rien du Sauvage. Voicy
presque mot pour mot, celuy que
le Pere Chaumonot luy entendit
faire un jour avec des pensées tout
à fait devotes & proportionnées à
leur Genie.

Mes Freres, Dieu qui nous a creés
est, nostre vray pere ; il a droit de
nous punir, quand nous pechons;
& comme nous chassons de la
cabane nos enfans desobeissans,

I

Dieu chaſſa nos premiers parens
hors du Paradis Terreſtre, pour punir leur deſobeïſſance. Mais comme il arrive quelquefois qu'un amy
de la famille rencontrant à la porte
l'enfant que l'on vient de chaſſer,
tout baigné de ſes larmes, en eſt
touché de compaſſion, & luy
fait r'ouvrir la porte ; le Fils de
Dieu en prenant noſtre chair, a
fait le meſme, il a eu pitié des
hommes qui pleuroient leurs pechez, il a ſatisfait pour leurs fautes, & nous a ouvert enſuitte la porte du Paradis. Si maintenant quelqu'un de nous vient à commettre
quelque nouveau crime, il merite
encore d'eſtre chaſſé du Ciel, &
ainſi mes freres, que pas un de vous
ne ſe flate de ce que par le Bapteſme il a eſté receu dans la maiſon
de Dieu; car s'il n'obſervç ſes Com-

mandemens, il sera chassé du Ciel, & la porte luy en sera fermée, jusques à ce que le Sauveur du Monde luy voye pleurer ses pechez aux pieds d'un Confesseur. Mais si c'est tout de bon qu'il pleure il, luy r'ouvrira la porte du Paradis, qui luy avoit esté fermée. Mes freres gardez-vous donc bien de desobeir au Createur: mais si par malheur vous venez à pecher, n'atendez pas plus lon-temps à vous en repentir; car nous avons un bon amy, nous avons Iesus qui fera nostre paix aussi-tost qu'il verra nostre veritable douleur. Voila le sermon de ce Sauvage Cathechiste.

Ie finis ce Chapitre par la sainte mort d'une fille Huronne nommée Therese. Elle mourut le iour de la Feste de Noel, l'année 1668. agé de 14. ans, son grand pere envoya la

veille de cette grande Feſte querir
le Pere Chaumonot pour la con-
feſſer, comme celuy, qui a tout le
foin de cette Miſſion Huronne. Il
y alla incontinent , & il ne fuſt
pas pluſtoſt entré dans la cabane de
la malade , que ce bon vieillard luy
dit. Mon Pere voilà ma petite
fille qui s'en va mourir ; Ie vous
prie de luy donner tous les Sacremens que l'Egliſe a accouſtumé de
donner aux malades : Car ſi elle
mouroit avant que de les avoir re-
ceus, nous ſerions tous inconfola-
bles ; mais ſi elle meurt aprés leur
reception , nous n'aurons point de
peine à nous conſoler dans l'eſperance qu'elle ira au Ciel, & que
nous l'irons bien-toſt voir.

Le Pere commença par la confeſſion, que par reſpect elle ne voulut pas faire eſtant couchée, mais

un peu elevée & souftenuë par der=
riere. Cependant la mere l'exhortoit à ne laiffer aucun peché qu'elle ne confeffaft en luy difant courage Therefe , nettoye bien ton
ame de toutes fes foüillures : tous
ceux de la cabane où elle eftoit, la
portoient à la mefme chofe.

Aprés la confeffion de cette fille
malade , fon grand-pere pria le
Pere Chaumonot de ne pas tarder
plus long temps à luy adminiftrer
les autres Sacremens de l'Eglife,
parce que l'heure de fa mort appro-
choit. Il le fit fans attendre davantage, quoyque la malade ne luy
femblaft pas encore eftre à l'extremité : neantmoins l'evenement
montra qu'il eftoit temps ; Car elle
mourut le lendemain. Elle demandoit fouvent pendant fa maladie à
fa mere : quand eft ce que naiftra

Iesvs ? Enfin estant avertie la veille de Noel, qu'il naistroit cette nuit là; elle se mit à chanter: Iesvs va naistre; qui est un air que les Hurons chantent aux Festes de Noel.

Il est croyable que son bon Ange la faisoit ainsi chanter, comme pour celebrer le jour de sa naissance au Ciel. Le jour de Noel ayant esté le jour de sa mort, ses parents firent aprés les funerailles de leur fille, des presens à l'Eglise, & un festin à tout le Bourg des Hurons, pour prier ceux, qui avoient esté conviez, de dire cette nuit leur Chapellet afin d'obtenir la delivrance de l'ame de leur fille des feux du Purgatoire, en cas qu'elle y fust encore. Ainsi l'amour des parens envers leurs enfans s'estend parmy ces Barbares au de la de la vie, & montre evidemment qu'ils sont de mesme

que les François capables de tous
nos Mysteres.

On a aussi imprimé si fortement dás
l'esprit de nos Sauvages le respect
qu'ils doivent au saint sacrifice de la
Messe, & l'obligatió en general qu'ils
ont d'y assister, qu'il s'est trouvé
cette année à la prairie de la Ma-
delaine auprés de Mont-real , à
soixante lieuës au dessus de Quebec
un Sauuage, qui n'a jamais manqué de se rendre le Samedy à nostre
habitation quelque eloigné qu'il
fut dans les bois, afin de pouvoir entendre la Messe , quittant ainsi la
chasse qu'il faisoit à six ou sept lieuës
loin aux environs de Mont-real, &
cela pour satisfaire sa devotion,
comme si ce luy eust esté une obligation precise.

CHAPITRE IX.

De la sainte mort de Cecile Gannendâris Huronne.

LE sixiesme iour de Fevrier de l'année 1669. Cecile Gannendâris mourut dans l'Hospital de Quebec aprés huit mois de diverses maladies. Au commancement elle fut attaquée d'une paralysie, qui luy osta les fonctions de la moitié du corps ; puis elle perdit enfin l'vsage de presque tous ses autres membres. Deplus elle ressentoit une tres-grande douleur de teste, laquelle luy estoit causée par un grand froid, qui se faisoit sentir à cette partie: mais elle avoit à mesme temps une si grande aversion du feu qu'elle ne pouuoit ni le voir, ni le

fentir, mefme pendant les plus in-
fuportables rigueurs de l'Hyver. Il
furvint à tous ces maux un flux, qui
l'enleva de ce monde.

L'on ne fçavoit ce qui eftoit le
plus admirable, ou la patience de
cette Sauvage malade, ou la charité des Religieufes Hofpitalieres,
qui luy rendoient en cet eftat tous
les fervices poffibles. Monfeigneur
de Petrée noftre Evefque l'a vifitée
& l'a nourie durant qu'elle eftoit dás
fa cabane ; Et quand elle a efté à
l'Hofpital il a toûjours continué fa
charité ordinaire, à fournir de quoy
l'entretenir de toutes chofes. Plufieurs perfonnes de condition l'ont
auffi efté vifiter, & luy ont fait porter
des rafraichiffemens, ayant tous de
la tendreffe pour une perfonne fi
vertueufe. Noftre Seigneur a voulu en cela recompenfer la charité

que cette femme avoit témoignée
tandis qu'elle estoit en santé, à tous
les malades de sa nation ; car jamais elle ne manquoit de les assister de tout son pouvoir, soit pour
le bien de leur ame, soit pour leurs
necessitez temporelles.

On a remarqué qu'elle avoit un
don particulier de disposer les personnes à la mort. Dieu a voulu
pour la recompenser qu'elle ne soit
morte elle mesme qu'aprés y avoir
esté disposée, avec tous les soins
possibles. Son premier mary mourut en Saint; mais il luy doit une
partie de cette belle mort : c'e-
stoit elle qui luy faisoit faire tous
les actes, que l'on a coustume de
faire pratiquer aux malades en cette rencontre: de peur d'augmen-
ter son mal, ou de divertir sa pensée dans ses saints exercices de pie-

té : elle eut bien la force de retenir ses larmes, pendant toute la maladie de son mary. Comme son mary malade ne pouvoit un iour s'empescher de pleurer de la compassion qu'il avoit pour ses enfans qu'il laissoit orphelins ; Cecile luy dit avec une pleine confiance : Ne pleurez point mon cher mary nos enfans ne demeureront pas sans pere aprés vostre mort. Les Peres qui nous instruisent, leur serviront de pere tandis que nos enfans seront bons Chrestiens , & ie prendray tous les soins possibles pour faire qu'ils le deviennent.

Cette charité envers son premier mary a fait que Dieu a porté son second mary à luy rendre iour & nuit tous les secours qu'elle pouvoit attendre durant sa longue maladie, jusqu'à abandonner ses

champs pour demeurer toûjours au
prés d'elle. D'ailleurs il semble que
ce secours ayt encore esté une re-
compense de l'assistance spirituelle
qu'elle a renduë à quatre de ses enfans qui sont tous morts avec des
marques particulieres de predesti-
nation.

L'un de ses enfans qui estoit une
fille âgée d'environ douze ans, ne
pouuant plus se tenir debout, ni
marcher, à cause de la grande foi-
blesse où l'avoit mise la longueur de
sa maladie, & sa mere d'ailleurs sou-
haitant qu'elle communiast à Pas-
ques; on la mit dans une peau d'O-
rignac passée, & bien peinte à leur
façon, puis sa mere & une autre
Huronne prenant la peau chacune
par vn bout, elles l'apporterent
dans l'Eglise pendant qu'on y disoit
la Messe, à la fin de laquelle l'on

donna la sainte Communion à la malade.

Vne autre de ses filles mourant àl'âge de sept ans, voulut expirer en disant son chapelet, nonobstant la grande difficulté, qu'elle avoit de parler, & sa mere luy avoit imprimé si fortement dans le cœur cette belle devotion envers la Sainte Vierge, qu'il ne fut pas possible de la luy faire interrompre durant tout le cours de sa maladie.

Les Sauvages de ce pays n'ót point accoustumé de chastier leurs enfans avec des verges : mais Cecile n'é-pargnoit point ce chastiment aux siens, quand ils le meritoient. Que s'il arrivoit qu'ils pleurassent penpant ce temps là , elle leur disoit, Ah ! mon enfant comment suportcrois tu les estranges supplices des demons, puisque tu ne peux supporter une si lege pnnit ion ? garde toy bien de retomber en cette faute pour laquelle ie viens de te chastier, de peur que tu ne sois condamné à des peines qui ne finissent iamais.

Que si Cecile avoit un si grand soin d'inspirer à ses enfans l'horreur du peché, elle n'en avoit pas moins de s'exciter elle mesme à en concevoir une extreme aversion. Comme elle estoit tres bien faite avant sa derniere maladie, elle a esté souvent sollicitée au mal : mais cette genereuse femme n'a pas seulement esté fidele & à Dieu, & à son mari ; elle s'est encore armée d'un tison ardent qu'elle a jetté à la teste de celuy qui la sollicitoit au peché, & elle en a fait la risée publique de tous les Sauvages, qui vinrent en foule estre les spectateurs de son

courage contre cet insolent, & de
sa fidelité inviolable à son mary. Au
reste Cecile estoit si parfaitement
instruite de nos mysteres, & mesme si éloquente, que quand il venoit à Quebec quelque Sauvage
estranger ou infidele, on le luy
envoyoit ; & en peu de jours il se
trouvoit capable du Baptesme.
Quand il y en avoit quelqu'un, qui
vouloit defendre opiniatrément ses
superstitions , on n'avoit qu'à luy
opposer Cecile;elle le mettoit bien
tost hors de deffence. Ce mesme
zele la portoit à avoir un soin particulier d'enseigner sa langue aux
nouueaux Missionnaires ; afin de
contribuer de tout son pouvoir à la
conversion des peuples. Le salut de
son second mary luy estant infini-
ment cher,elle s'apliqua d'une façon particuliere à le retirer de ses

debauches ; & fit tant par ſes prieres & par ſes remonſtrances qu'il eſt
maintenant fort homme- de-bien,
& un des meilleurs Chreſtiens de
cette Colonie.

Elle eſtoit d'une vie ſi exemplaire
& reconnuë ſi capable, que ceux de
ſa Nation la venoient conſulter
dans leurs doutes ſur leur conduite & ſur les points de la Foy : & elle les éclairciſſoit avec un diſcerne-
ment qui n'avoit rien d'vne femme
Sauvage. Comme quantité de perſonnes venoient la voir durant ſa
maladie ; elle n'avoit garde de perdre l'occaſion qu'elle avoit de recompenſer par quelque bon mot
d'edification ces viſites de charité.
Voicy le diſcours qu'elle faiſoit aux
Huronnes qui venoient la voir &
luy offrir leurs ſervices. Mes Sœurs
i'ay paſſé autrefois parmi vous pour
aſſez

assez bien-faite, & maintenant ie
suis hideuse à voir: j'aymois la pro-
preté, & maintenant tout mon
corps est dans l'ordure. Ie n'estois
pas des plus pauvres de nostre
Bourg, & ie ne reçois aujourd'huy
aucun soulagement de mes biens.
Voilà l'estat où vous vous trouve-
rez un jour. Faites quantité de
bonnes œuvres durant vostre vie,
car c'est de cela seul, que vous re-
cevrez de la consolation à l'heure
de la mort. Elle fit venir une de
ses anciennes Confidentes exprez
pour luy recommender qu'elle s'ab-
stint d'un certain vice auquel elle
estoit sujette.

Son mary souffrit beaucoup auprés d'elle, mais les instructions &
les bons exemples de Cecile, l'ont
recópensé plus que suffisamment de
toutes ses peines. Il avoüe luy mesme

que jamais il ne s'eſt trouvé plus
éclairé de la verité de nos Myſteres
que durant une exhortation qu'elle luy fit aprés une viſite , dont
Monſeigneur de Petrée l'avoit ho-
norée dans ſa cabane. Mon mary!
luy dit-elle , quel moyen de douter
de la verité & de la bonté d'vne Religion,qui enſeigne & qui commá-
de à ceux qui la ſuivent quoy qu'ils
ſoient nobles , riches & puiſſants,
de s'abbaiſſer iuſques à venir conſoler une miſerable creature comme moy , dans une auſſi pauvre cabane que la noſtre? Pourquoy ce
grand & ſaint Prelat prendroit-il
la peine de m'apporter luy meſme
en perſonne ce qu'il a de meilleur,
s'il m'eſtoit aſſeuré de la recompenſe que Dieu promet à ceux
qui ſecourent les miſerables? Non,
non : Ie ne ſçaurois douter de ce

ce que nous difent nos Peres de la
bonne reception qu'on fait aux
Chrestiens dans le Ciel, aprés avoir
veu la charité qu'exerce envers
moy une perfonne de cette qualité & de ce rang, qui ne m'avoit
iamais veuë, à qui ie n'appartiens
point, & qui m'a fait tant de bien,
que ie ne le fçaurois reconnoiftre.

Enfin Cecile, aprés avoir ainfi
paffé fa maladie dans l'exercice des
vertus & dans les plus devots fen-
timents d'une ame Chreftienne, eft
fur le point de mourir : Mais elle ne
part point de ce monde, que Dieu
ne l'ayt auparavant appellée à foy,
afin de mourir plus par le Com-
mandement de Dieu, que par la
neceffité de la nature. Peu de iours
auant fon deceds, elle dit à fon Con-
feffeur que durant la nuit qu'el-
qu'un l'avoit appellée par fon nom,

K ij

Gannendâris , mais d'une façon ſi douce & ſi agreable , qu'elle ne pût durant long temps penſer à autre choſe qu'à la douceur charmante de cette voix. O la belle voix , diſoit-elle, ô que mon nom me ſemble bien prononcé par une telle bouche ! ô que ne puis-ie encore une fois m'entendre appeller ! ô que cette langue parle melodieuſement! Mais encore , repart le Pere, qu'a dit cette voix ? Cecile luy répódit elle n'a dit que ce mot, Gannendâris: Et ie péſe que c'eſt la voix de ma fille; qui mourut l'année paſſée & qui vint auſſi appeller ſon petit frere quelques iours avant qu'il mouruſt. Quoy qu'il en ſoit , cela nous marque touſiours que cette bonne Chreſtienne ne penſoit qu'à Dieu.

Avec toutes ces careſſes du Ciel,

& ces bons sentimens interieurs, Cecile ne laissoit pas de craindre les feux du Purgatoire. Elle se recommandoit souvent aux prieres des personnes vertueuses, pour se faire ayder aprés sa mort à sortir de cette prison de flammes; & elle laissa à ce dessein aux Dames de la sainte famille de cette Ville de Quebec, du nombre desquelles elle estoit, le plus beau collier qu'elle eust. Il estoit composé de six mille grains de porcelaine presque toute noire, qui est aussi precieuse parmy les Sauvages que les perles en France.

Cette illustre Chrestienne n'eut pas-plustost rendu son ame à son Createur, que par l'ordre de Monseigneur l'Evesque, l'on sonna toutes les cloches de la Paroisse de Quebec; ce qui ne se pratique point ordinairement à la mort des Sauvages ; & le lendemain on luy fit un service solemnel dans l'Eglise de la mesme Parroisse. Le Capitaine des Hurons exhorta, le iour de la mort de Cecile, tous ceux de sa Nation, qui sont dans leur Bourg à une lieuë & demie de Quebec, à dire un Chapelet pour l'ame de la defunte : Et à un mois de la son frere fit un festin à tous les Hurons, où il offrit un collier de porcelaine aux Anciens, pour le mettre au lieu où ils tiennent leur bien commun, & renouveller ainsi la memoire de Gannendâris sa sœur & faire prier Dieu pour son ame. Cette action de pieté est belle en des Sauvages, & une des plus remarquables qu'on leur ait veu faire en faveur de leurs Morts.

F I N.

9 782329 791210